战略7力

有效打造企业护城河

7 POWERS

The Foundations of Business Strategy

HAMILTON HELMER

[美] 汉密尔顿·赫尔默 —— 著
刘若晴 刘启明 —— 译

中信出版集团 | 北京

图书在版编目（CIP）数据

战略7力：有效打造企业护城河 /（美）汉密尔顿·赫尔默著；刘若晴，刘启明译. -- 北京：中信出版社，2023.4（2025.8重印）
书名原文：7 Powers: The Foundations of Business Strategy
ISBN 978-7-5217-5292-2

I. ①战… II. ①汉… ②刘… ③刘… III. ①管理学 IV. ① C93

中国国家版本馆 CIP 数据核字 (2023) 第 035723 号

7 Powers: The Foundations of Business Strategy
Copyright © 2016 by Hamilton W. Helmer
Simplified Chinese translation copyright © 2023 by CITIC Press Corporation
ALL RIGHTS RESERVED
本书仅限中国大陆地区发行销售

战略7力：有效打造企业护城河
著者：　　［美］汉密尔顿·赫尔默
译者：　　刘若晴　刘启明
出版发行：中信出版集团股份有限公司
　　　　（北京市朝阳区东三环北路 27 号嘉铭中心　邮编　100020）
承印者：　北京通州皇家印刷厂

开本：787mm×1092mm　1/16　　印张：17.25　　字数：200 千字
版次：2023 年 4 月第 1 版　　　　印次：2025 年 8 月第 3 次印刷
京权图字：01-2023-0102　　　　　书号：ISBN 978-7-5217-5292-2
定价：69.00 元

版权所有·侵权必究
如有印刷、装订问题，本公司负责调换。
服务热线：400-600-8099
投稿邮箱：author@citicpub.com

谨以此书献给我的家人——我生命的快乐源泉

赞誉

汉密尔顿·赫尔默是最优秀的大思想家——他提供了可以转化为现实行动的深刻见解。在 Spotify，我们讨论新方案时经常用到 7 种战略力量。他对战略力量的分类、获取、利用及维护方式的精辟总结对处于各个阶段的公司而言都是一套绝妙的工具。

——丹尼尔·艾克
Spotify 创始人兼 CEO（首席执行官）

在竞争极其激烈的环境下，每个人都想吃掉你的"午餐"。如果不读《战略 7 力》，你会死得很快。

——里德·哈斯廷斯
网飞（Netflix）创始人兼 CEO

《战略 7 力》提供了一个清晰、令人信服且富有洞察力的框架，可以帮助人们思考竞争优势的来源。赫尔默借助过往 30 年的经验剖析了企业如何建立战略力量并影响它们所属的行业。在每一个企业转折点，他都能用有趣和富有启发性的例子加以说明。

——乔纳森·莱文
斯坦福大学商学院院长

汉密尔顿·赫尔默明白战略始于创新。虽然他不能告诉你应该发明什么，但是他可以并确实展示了一项创新需要经历什么才能成为一项有价值的业务。

——彼得·蒂尔
著名投资人，《从 0 到 1》作者

《战略 7 力》为制定战略的商业人士提供了重要的指导。从汉密尔顿担任 Adobe 的战略顾问起，我认识他已经有十多年了。我很高兴他现在分享自己原创且引人入胜的商业见解。

——布鲁斯·奇曾
Adobe 前 CEO

汉密尔顿是一位深刻的思想家，将热情与优秀的业务紧密地联系在一起。他的观点是智慧的、深思熟虑的且通常具有挑战性。我永远对他的发言拭目以待。

——彼得·道格特
凭借《飞屋环游记》和《头脑特工队》两次荣获奥斯卡奖

智慧地做少量的决定远比正确地做大量的决定重要。汉密尔顿·赫尔默准确地解释了世界上成功企业的领导者是如何恰到好处地做出那一小部分决定的。

——迈克尔·莫里茨
红杉资本董事长

硅谷非常重视执行力和企业文化。这样没有错，但我认为这有时会导致企业对战略不够重视。汉密尔顿·赫尔默深刻而敏锐的见解有望解决这一问题。

——帕特里克·克里森
Stripe 联合创始人兼 CEO

《战略 7 力》以全新的视角帮助人们理解企业价值的一些关键潜在驱动因素，并对市场中人们普遍不太了解的观点提出洞见。其结果是我所见过的最杰出和持久的阿尔法收益之一。

——布莱克·格罗斯曼
巴克莱全球投资者公司前 CEO

《战略7力》是处于创业或增长期的企业人士的案头书。它提供了一个巧妙而富有洞察力的框架,帮助我们思考如何在竞争环境中建立和保持战略优势。

——达芙妮·科勒
Coursera 联合创始人及前总裁

一家创业公司必须用一种引人注目的方式获得市场认可,从而成为一家可被投资的公司。否则,它只是一个不断烧钱的无底洞。《战略7力》严谨地为企业制定了战略,并详细说明了获得市场认可需要什么条件。

——肖恩·奥沙利文
SOSV 创始人兼管理合伙人

作为战略学大师,汉密尔顿将40年的思想和实践浓缩于一本易读的书中。读了它,你就会发现7种战略力量其实无处不在。

——马克·鲍姆加特纳
普林斯顿高等研究院首席投资官

明导(Mentor)在过去20年的大部分时间里一直受益于汉密尔顿提供的持续咨询,并将他的许多观点和原则纳入自己的核心战略。《战略7力》将这些观点和原则整合成一个强大的框架和词库,用以描述和分析一家企业的竞争地位。这是一部无与伦比的著作。

——格雷格·欣克利
明导总裁

目录

推荐序　战略的力量　里德·哈斯廷斯　…… V

推荐序　在借鉴中形成自己的战略体系　王志纲　…… XI

序　言　…… XV

第一部分
静态战略

第一章　规模经济　…… 3

规模经济是指单位成本随产量增加而下降的业务。规模经济可以保障企业有足够的回旋余地，通过自身成本优势阻击跟随者的挑战，保持原有的市场份额不被蚕食。

第二章　网络效应　…… 23

网络效应是指现有客户的价值随着新客户的增加而增加。谁在早期把产品做对，谁就能以最快的速度跑马圈地。当手握众多有价值的用户后，挑战者会因高昂的代价而不得不退出竞争。

第三章　反定位　…… 37

反定位是指当新进入者采用一种更优秀的新商业模式时，在位者放弃通过模仿阻击新进入者。从诺基亚到柯达，无数案例说明，"尾大不掉"的行业霸主不敢轻易创新商业模式。这就为新入局者提供了战略创新的先机。

第四章　转换成本　....71

转换成本是指客户因转向另一个供应商进行额外采购而导致的预期价值损失。提高客户留存率、拓展产品线、实施并购，让用户越来越难以承受放弃服务带来的资金、流程和关系损失，从而形成壁垒。

第五章　品牌效应　....87

品牌效应是指一件客观上与其他产品相同的商品，由于卖家的久远历史而具有的更高的价值。企业需要专注和勤奋来引导品牌的发展，并确保所创造的声誉与所产生的价值保持一致。

第六章　垄断性资源　....105

垄断性资源是指以有利的条款优先获得可提高企业价值的令人垂涎的资产。只有垄断性资源才能创造更好的产品或服务，这其中不仅包括资金、专利、技术、人才，也包括可持续运营的能力。

第七章　流程优势　....125

流程优势是指企业通过优化组织流程，提升产品属性和降低成本，获得双重收益。流程优势需要长期持续建立，因此非常稀缺，很难被对手模仿。

2 第二部分
动态战略

第八章　获取战略力量的途径　....147

战略力量紧随创新而来。企业扩大市场规模、创造价值的三种创新驱动力分别是：能力驱动，客户需求驱动，竞争驱动。在形成创新路径之后，你还必须时刻保持警惕。

第九章　获取战略力量的时机　....183

获取战略力量的时间线应该分为三个时间窗口——孕育期、增长期和成熟期。最为关键的是在增长期，经营者可以利用该阶段进行应对不确定性、信息透明化、产品调整、能力建设、渠道拓展和提升营销效率等战略布局。

致　　谢　....217
参考文献　....221
注　　释　....222

推荐序
战略的力量
里德·哈斯廷斯

说来有些难以想象，但我和汉密尔顿的关系仅仅始于礼貌客套的交谈。2004年9月29日，我的日程表中的众多事项之一是他和拉里·廷特的来访，他们是网飞对冲基金投资方战略资本（Strategy Capital）创始人。那时，网飞是两年半前才刚刚上市的一家小型邮寄DVD（数字通用光盘）影碟的租赁公司。

在这种会议中，投资人通常会对公司管理层一探究竟，看看公司有无以前自己不了解的另一面。换句话说，他们是在做投资前的尽职调查。但汉密尔顿和拉里把这次会议带到了一个完全出乎意料的方向。汉密尔顿首先简单介绍了他的新战略框架——"动态战略力量"，然后用该框架对网飞的重要战略举措进行了深入评估，简直精彩绝伦，因此这次会议也就远远不止于礼貌客套了。

我对汉密尔顿的这番讲述一直念念不忘，而五年后正是当时的这番讲述让我萌生了新的想法。那时，也就是2009年，百视达的威胁已经过去，我们的销售额有望达到近17亿美元，这些都是来之不易的进展。但即便如此，我们面临的战略挑战依然艰巨。我们当时用红色信封邮寄 DVD 影碟的业务所剩时间已寥寥无几，因为用 DVD 播放机观看影碟显然是一种过渡性技术。与此同时，那些资源远超过我们的强敌也在不远的未来步步逼近，例如谷歌、亚马逊、时代华纳和苹果等。

作为一名商业人士，多年的经验告诉我，战略是一头非同寻常的野兽。在网飞，我们投入大部分时间用于卓越执行力的打造，一旦在这方面失败，你必然会跌倒。但遗憾的是，仅凭执行力并不能确保成功，如果缺乏正确的战略，你就会面临危险。我经营企业多年的经历足以使我记得当年 IBM（国际商业机器公司）PC（个人计算机）的教训。那曾经是一款突破性的个人计算机产品，其客户接受度惊人。产品发布时的用户就达到了 4 万，而第一年的用户数竟超过了 10 万，这种成绩可谓是空前的。IBM 的执行力也完美无瑕，其优秀的管理从未失误过。很难想象在那时还有哪家公司能够像它一样迅速扩大生产规模而不出差错，它连营销都做得很优秀。还记得 IBM 广告中查理·卓别林那张友好的面孔吗？他欢迎我们所有人进入计算机的新世界。

但 IBM 在战略上走错了。通过将电脑操作系统外包给微软并允许微软将其出售给其他公司，IBM 失去了从网络经济全垒打中获得成功的机会，而网络经济正是当时 IBM 大型巨无霸计算机主机 System 360 取得成功的战略力量。IBM 当时还割让了另一条重要的战线——将微处理器外包给英特尔并同时继续推广与英特尔微处理器捆绑的应用程序。结果，这断送了IBM PC的美好前程，使其成为一项黯然失色的流水线组装业务。不管怎么努力，IBM PC这艘船都不可能修好了。IBM在2005年迎来了不可避免的结局，不得不将其个人计算机业务贱卖给了联想。

现在回到我2009年的问题，我当时面临的挑战是：我们如何在网飞积极地制订深思熟虑的战略方案。幸运的是，我们在那时已经投入了大量精力磨砺出自己独特的企业文化，而这是解决此问题的关键。我们可以利用之前一直努力在企业中植入的价值观来面对富有挑战的外部市场环境。

我们在2009年8月发布了第一组公开的"文化甲板"（culture deck），确定了9种需要高度重视的行为准则。第一种是关于"判断"的行为准则，具体细节如下：

- 做出明智的决定……尽管情境模糊不清。
- 找出问题的根本原因，而不仅仅是治疗症状。
- 培养战略性思维，能清楚地说明你想做和不想做什么。
- 明智地把现在必须做好的事情和以后可以改进的事情分开。

智慧、根本原因、战略思维、聪明的优先顺序，对我来说，这些都应该映射到战略上。但根据企业文化，企业高层不能直接把自己的战略观点强加于人,我们必须培养员工理解战略的杠杆作用,这样他们就可以自觉将其灵活地应用到工作之中。只有这样,我们才能遵行网飞企业文化的另一个关键点:通过情境进行管理,而不是掌控。

然而,这种观点让我陷入了两难境地。战略是一门复杂的学问——我们该如何迅速地了解"情境"呢?我一生都对教育颇感兴趣,所以我一直被诺贝尔物理学奖得主理查德·费曼的逸事吸引,正如詹姆斯·格雷克在他的《天才》(*Genius*)一书中所讲述的那样,费曼教授是他那个时代真正伟大的科学教师之一。有一次费曼被邀请去做一个有关量子力学某个艰深领域话题的讲座,他开始表示同意,但几天后又改口说:"你知道我讲不了,也就是说我们并不真正了解这个领域。"

同样,我们面临的有关战略的挑战也很明确:到底有没有人能够真正理解它并将其传授于人?幸运的是,我想起了汉密尔顿2004年在网飞演讲时对战略的精辟总结。我又约了一次与汉密尔顿的交谈,并越来越确信他具备独特的战略思考能力。后来,汉密尔顿设计了一个项目,帮助网飞的许多核心人员形成了对于战略的基本理解,这一努力取得了巨大成功。直到今天,许多网飞员工都认为那是他们职业生涯中最好的培训经历之一。

正如这本书所展示的那样,汉密尔顿远远不止是一个出色的沟通者和整合者。对于商业人士来说,任何可以广泛运用的战略框架都必须涉及公司可能面对的所有关键战略问题。汉密尔顿早就意识到现有战略框架的缺陷，那么他的解决方案是什么呢？他研发出全新的概念，并将它们组合成一个统一的整体。让我从这本书中举两个我认为最突出的例子。

- **反定位**。在我的职业生涯中，我经常目睹一些曾因商业智慧而备受称赞的强大在位企业无法适应新的竞争环境，而其结果往往是从曾经的辉煌地位一落千丈。肤浅的人可能会把这种情况归结于缺乏远见和领导力，但汉密尔顿不属于此类。通过创造反定位的概念，他可以剥开事物的表层以窥视这些现象的深层形成原因。汉密尔顿认为这些在位企业并非缺乏远见，而是在以完全可预测又理性的方式行事。我们与百视达的早期竞争证实了这一观点。
- **战略力量的演进**。在网飞，我们积极地确定工作的优先顺序，以便专注于眼下必须完成的工作，这也适用于战略。哪些任务是迫在眉睫的？不幸的是，现有的战略框架提供的指导非常有限。很多人都意识到这是一个重要问题，但任何其他理论框架都无法以系统、可靠且易懂的方式解决这个问题。汉密尔顿是如何应对这种理论框架的空缺的？在几十年的时间里，他设计并完善了战略力量的演进路径，以此阐明商业人士所面临的每场竞争的大致时间线，这是在战略思维方面取得的非凡进步。

这两项认知上的进步对于发掘各种战略挑战的根源至关重要。我所举的例子仅是我和汉密尔顿合作的一部分成果，现在该轮到你去一探究竟了。汉密尔顿在这本书中紧密地整合了他在几十年的咨询、股票投资和教学中发展起来的许多观点。这本书对战略进行了独特、清晰且全面的提炼。它将改变你对商业的看法，帮助你聚焦于关键的战略挑战及其解决方案。这本书并非轻松的商业科普图书，你可能不会一晚上就看完并理解，但我相信你阅读这本书投入的时间会让你在未来受益匪浅。

推荐序
在借鉴中形成自己的战略体系

王志纲　智纲智库创始人

收到中信出版社的作序邀约，我一度感到颇有些为难。我这一辈子极少为人写序，原因有三：其一，在和作者不熟悉的情况下，贸然推荐，往往有失分寸；其二，我就是"野狐禅"，不同于传统学院派，多年以来专注于战略咨询的实践，荐书一事，自然少之又少；其三，我一向以为，读书乃是各花入各眼的私事，除了少数纵贯古今的经典，强行推荐，反而不美。基于以上三点，我很少向别人推荐书，更不用提作序了。

但此次，中信出版社辗转托人，邀请我为这本即将出版的《战略7力》作序，我却十分重视。盖因这本书乃战略学领域的专著，是我多年来致力研究的领域。2021年，我出版的《王志纲论战略》一书，也专注于东方式战略的阐述。对照这本西方风靡一时的战略学著作，东西互鉴，视野开阔交融，对于战略的研究和传播，极有价值。想来这也是出版社邀请我作序的用意。

广义上看，在战略领域中，东西方的差距颇为明显。

尽管战略在今天如此火热，但其真正运用在商业领域，还不到70年。1957年，艾伦·内文斯在对亨利福特和福特汽车公司的历史定义中，第一次提到"战略"这个词。随后的几十年中，这个响亮的词仿佛充满魔力一般，在商业世界展现出蓬勃的生命力。

作为企业在商海里的生存与竞争之道，商业战略在资本主义和工业革命先行一步的西方独领风骚，各战略流派层出不穷，大师著作如群星闪耀。东方以中日两国为代表，虽然已经开始孕育自己的商业战略思想，但尚未形成新的学派，尤其中国作为"后进生"，多有全盘接纳，拾人牙慧之举，鲜少有独立理论及洞见者。

一部中国开放史，亦是百年"西学东渐"史，中国在奔向市场经济的野蛮生长过程中，补课必不可少，仰视的态度同样值得肯定，但随着中国国力的上升，中国企业日渐走向国际舞台，对战略的理解也应当不断深化。我一直坚持，古为今用、洋为中用、推陈出新，从西方理论界吸取有价值的理论同时，更应当结合自身的商业实践，从而升华出有创见的东方式战略。

回到这本书，尽管关于战略的定义不尽相同，但我们一致认为：战略是关键阶段的正确决策。关于战略的具体内涵，我曾将其归纳为做正确的事和正确地做事，即战略是一种思维，也是一种能力；这本书中，汉密尔顿将战略学的核心总结为静态战略和动态战略，即七大战略力量产生的条件以及如何有效获取它们，同样存在目标与手段的适配性，认识论与实践论的相互交织、高度互补，这是我们对于战略理论的核心共识。

更让我欣赏的一点在于，汉密尔顿不仅是学院派的教授，还是一位经验丰富的商业战略咨询师。他创立了战略咨询公司，曾经为网飞、Adobe、Coursera、Spotify 等明星公司做过战略咨询。因此，他在书中总结的 7 种商业战略的基础力量，它们是经过市场检验，且极具生命力的。

结合我自身近 30 年的战略实践来看，汉密尔顿提出的七大战略力量对应着不同的核心竞争力，可谓切中要害。每一种战略力量都足以成为一家伟大企业的基石，而且书中关于战略力量"抽屉式"的分门别类总结，也充分考虑到学习者的可操作性：规模经济——通过扩大规模，降低单位成本，从而让企业获得竞争优势；网络效应——随着用户的增加，单位用户的价值增大；反定位——对应克里斯坦森的"颠覆性创新"理论，当掌握变革性技术的小公司绕开与大公司的正面竞争，从大公司不屑一顾的边缘市场或低端市场切入时，大公司往往反应迟钝，巨大的惯性使其难逃失败的命运；转换成本——用户从你的产品迁移至其他产品所付出的财务成本、流程成本和关系成本；此外，还有品牌效应、垄断性资源、流程优势三个核心战略力量，条分缕析，简洁明快，方便决策者打开"抽屉"就能加以对照学习，做到了汉密尔顿推崇的"简约而不简单"。

这本书的另一个鲜明特点是具有很强的数学性，力争在公式推演方面立住脚跟，并加以生发阐释，这一点同样符合战略的学习原则。

如果要说我还有一些个人理解，那么就是战略与人性之间的关系，是西方战略书籍较少涉及的。战略因人而起，因人而异，也以人为最终旨归，因此人性之于战略的制定和度量，不可不查。好战略，坏战略，也往往取决于人的一念之间。而在以逻辑推导为主要思维脉络的西方战略著作中（如本书），少了对以人为核心观察点的研究，是颇为令人遗憾的。当然，关于人性的考量也确实难以被纳入数学规律和公式计算，但这并不意味着"人的因素"就可以游离于战略大门之外。这只能期待读者凭借自身的商业实践加以弥补了。

最后，谈谈战略的学习方法——以华为为例。华为早期的企业实践，是基于任正非的人生经验、人性想象和非系统的学习之上的"零敲碎打"，直到花费上百亿美元引入西方咨询公司，把极盛时期美国的大企业管理经验悉数吸收，进行流程再造和全面的组织变革，华为才真正具备现代企业的基因。

但华为的卓越之处，正是在于它不满足于成为下一个IBM，而是在西方战略体系的基础上，植入东方式的战略思维和视野，让其在源头处摆脱商学院式的理论框架，既有观察现实世界、不断实践的人性感悟，也有横贯东西方的科学和哲学洞察。最终，华为成为古为今用、洋为中用、推陈出新的超级典范。这也是我认为的企业决策者阅读西方战略理论书籍的最佳方式。

序言

战略指南针

任何成功的企业都离不开关键的战略决策。这些选择很有限，而且通常是在快速变化的巨大不确定性中做出的。如果下错了关键的几步棋，你将面对一个持续痛苦的未来，甚至是彻底的失败。为了做出正确的选择，你必须不断调整你的战略以适应具体情况——不厌其烦地制订战略规划或干脆把制定企业战略的任务转交给外部专家并不会使你达成目标。

这一现象引发了一个问题："战略学这门学科能在此发挥作用吗？"在做了几十年的企业顾问、股票投资者和教师之后，我的结论是："是的，它可以。"但在得出这个来之不易的结论时，巴斯德的名言告诫我们："机会只青睐有准备的头脑。"战略的最佳作用不是让人躲在堡垒里进行分析，而是帮助实战的人做好准备。

作为一枚实时指南针，一个好的战略框架必须做到"简约而不简单"。如果不简约，那么人们就很难在日常工作中拿来参考，这些概念也就失去了实用性。但如果过于简单，人们很可能会错失一些关键点。不过，这种话说着容易做着难。对于像战略这样复杂的话题，"简约而不简单"是一项很高的要求。

多亏了比尔·贝恩对我这种怪人的器重。我有幸于1978年从研究生院毕业后在贝恩咨询公司开启了我的战略生涯。那时迈克尔·波特教授还没有出版他的标志性著作《竞争战略》，而波士顿咨询集团（BCG）和贝恩咨询公司在加速发展，让企业界对战略这一话题更加敏感，并在此过程中建立了管理咨询领域最受——尊敬的两大品牌。在此后的几十年里，战略作为一门学科在理论和实践中都取得了巨大进步。即便如此，目前的战略框架也无法面对"简约而不简单"的挑战。那些简约的框架过于简单，而复杂一些的框架又不够简约。

本书是一个诞生于数百个咨询项目和数十年股票投资经验的战略框架，它解决了这一难题。因为它涵盖了所有吸引人的战略定位，所以它是不简单的，而它对战略力量的聚焦使它足够简约，以便所有商业人士学习和应用。它可以，而且已经成功地在企业内部使用，有助于人们对主要的战略举措达成共识并付诸行动。如果你的公司没有7个战略力量中的至少一种，那么你就缺乏可行的战略，很容易受到攻击。

我写本书的目的是使你能够在战略发展的危险浅滩上航行。我不是为你们各自的企业提供具体建议，而是给你提供一个视角以帮助你看到自己的战略前景。它会把你必须解决的关键战略挑战清晰地呈现出来。但看似矛盾实则统一的是，为了让本书具有实战价值，我们必须从建立理论开始。

如果你阅读了本书并消化了有关7种战略力量的内容，你就会拥有巴斯德所说的"有准备的头脑"，并预备好在那些难得的关键时刻识别、创造并抓住获取战略力量的机会。你业务的成功取决于它。

首先做到"不简单"

现在让我们一起来开启战略之旅。走完这趟旅程后，你将会对7种战略力量熟能生巧。它们会为你提供一个触手可及的战略指南，帮助你在面对公司至关重要的起伏时刻仍能乘风破浪。

在公司的关键时刻做出正确的决策会带来巨大的回报。然而，这种高回报与上述的高标准是相匹配的：为了形成对大家有用的指南，我必须将战略的定义提炼成一个简约而不简单的框架。

为了让你相信7种战略力量能做到这点，我将在序言中阐释战略力量为何是商业价值的深层驱动力。序言中规范的阐述将会使你确信本书的内容是全面的，也就是"不简单"的。在接下来的7章中，每一章都会在此基础上聚焦于一种战略力量类型，以此诠释7种战略力量。凭借与许多商业人士打交道的经验，我确信这一战略框架足够"简约",可以持续地担任战略指南针这一角色。

我会首先简单介绍一下英特尔,它是来自我的大本营——硅谷最重要的公司之一。英特尔是一个特别有说服力的案例,因为正如我们将看到的,它既获得过巨大的成功,又惨遭同样巨大的失败。我们可以从这种非同寻常的交叉中分辨出成功的契机。我将以此来定义本书的核心概念——战略力量,以及战略学(知识学科)和战略(对于公司单一业务的具体打法)。

英特尔挖到宝藏

要想了解英特尔的非凡成功,让我们先回顾一下 50 多年前硅谷诞生的那一刻。1968 年,罗伯特·诺伊斯和戈登·摩尔受够了母公司仙童摄影器材公司的限制,切断了与仙童半导体的关系,在加州的圣克拉拉创建了英特尔。[1] 英特尔随后开发了第一个微处理器。这对个人计算机和服务器,以及如今由它们支撑的无处不在的技术(互联网、搜索引擎、社交媒体和数字娱乐)而言,是一个开创性的时刻。如果没有英特尔,我们就不会有谷歌、脸书、网飞、优步、阿里巴巴、甲骨文或微软。简而言之,现代社会将不会存在。

在我们当代人来看,英特尔这个名字本身就伴随着成功。在近半个世纪的时间里,诺伊斯和摩尔的这家不起眼的创业公司已经崛起为微处理器领域无可争议的领先者,拥有约 500 亿美元的收入和约 1500 亿美元的市值——无论以何种标准衡量，这都是一个非凡的成功。

但此类成功是如何以及为何取得的？战略学这一领域研究的正是这个问题。本书对战略学的定义如下：

战略学（Strategy）：对公司潜在商业价值基本决定因素进行研究的学科。

本书的目标令人振奋：在揭示商业价值的基础上兼具理论价值并指导商业人士如何创造价值。

按照经济学中常见的推理思路，战略学可以分为两个主题：

- 静态（维持地位）：是什么让英特尔的微处理器业务具备持久价值？
- 动态（达成目标）：英特尔经历了怎样的发展才取得这般成功？

这两者构成了战略学的核心。虽然两者相互交织又高度互补，但它们有着非常不同的研究方向。因此，它们将构成本书第一部分和第二部分的主题。

现在，让我们再回到英特尔的案例分析。它决定性的成功来自微处理器——今天计算机的"大脑"。但说来可能令人惊讶，英特尔并不是在这个领域起步的。它最初是做内存起家的，当时它自称"内存公司"，微处理器只是它为日本计算器公司比吉康（Busicom）所做的一项研发工作的附带项目。英特尔当时的动机仅仅是为自己的内存业务赚取急需的现金。经过长时间的酝酿，微处理器得到了市场的认可，之后公司的两项业务开始分道扬镳，并导致了截然不同的结果：内存业务分文不值，而微处理器业务的价值达到了1500亿美元。

所有这些引出了一个问题："为什么英特尔在微处理器上成功了，在内存上却失败了？"两项业务有许多共同优势。英特尔是第一家进入这两个市场的公司，而两者都是增长迅速的大型半导体业务，且都受益于英特尔的管理、技术和财务实力。毫无疑问，这个问题的答案一定不会局限于内存和微处理器业务的共同点上。那么答案是什么呢？为什么一方成功，另一方却失败了？

我是一名经济学家，因此对商业竞争中的套利行为抱有一定的尊重。英特尔从内存业务中的撤退完美地应对了这种套利行为。英特尔卓越的领导力和商业实践都不能对内存业务提供任何庇护。然而，微处理器却逃脱了这种命运。这项业务有与众不同之处，它让竞争对手无机可乘，使英特尔能够持续赚取构成其现今股价基础的高额回报。在微处理器领域，英特尔也不乏竞争。几十年来，在微处理器领域的竞争至少和在内存领域的竞争一样激烈：IBM、摩托罗拉、超威半导体（AMD）、齐洛格（Zilog）、美国国家半导体

（National Semiconductor）、ARM、NEC、德州仪器（TI）和无数其他公司都在这一领域投入了数十亿美元。

我们只能假设微处理器具有某种罕见的特征，可以显著改善现金流，同时阻止竞争对手的套利行为。我将这种特征称为**战略力量**。[2]

战略力量 (Power)：企业能够创造持久差异化回报的一系列前提条件。

战略力量既是战略学的核心概念，也是本书的焦点。它是来之不易的商业圣杯，非常值得关注和研究。本书的任务正是详细说明战略力量产生的条件（第一部分：静态战略）以及如何获取它们（第二部分：动态战略）。

战略真谛[3]

对于英特尔来说，微处理器业务拥有战略力量，而内存业务却没有，这使两者截然不同。英特尔持续上千亿美元的市值映射了这种力量对公司巨额收入的贡献。任何企业都会以这样的结果为目标，而我可以用以下方式定义公司的战略：

战略 (strategy)：在足够大的市场中保持战略力量的路径。

我将其称为战略真谛，因为它详尽诠释了战略定义所要求的全部条件。

尽管战略真谛的涉及面很广，但我仍然在很大程度上缩小了对战略的定义范围。"战略"这个词在商业中已经变得无处不在。如果在谷歌学术上搜索关于"战略"的文章，你会得到5150000项结果，足以让人感到麻木。在过去的几十年里，商业界的思想家和公司管理层已经越来越倾向于将几乎所有问题都提升到"战略"的高度，从而延伸出"战略供应商"、"客户战略"、"组织战略"甚至"战略规划"。这些用法本身没有什么不对，但我持有不同思路。几十年的教学和实践经验使我确信，通过采用一种非正统、更狭义的视角诠释战略学和战略，我们可以更清晰地了解这两个概念，也更容易运用它们。在这种情况下，少即是多。

为了缩小我们对"战略学"和"战略"的讨论范围，我还需要澄清另外两点。首先，博弈论和战略学有些重要的重叠之处，例如竞争对手的套利行为可以比作游戏中的玩家发挥各自的最佳水平。但是博弈论对于战略的定义笼统地包含了玩家可采取的一系列行动，也因此比我对战略的定义更广范。在博弈论中，即使是例如纳什均衡的最优策略，也不一定能创造价值。从博弈论的角度来看，英特尔从内存业务中撤退似乎是最优的，但它没有因此开辟出一条通往战略力量的新路径。如果我们认为商业的最终规范基准是价值创造，那么仅凭博弈论还不足以为战略学提供一个理论规范框架。[4]

其次，我对战略的定义与那些认为战略是一种智慧的选择的学说相去甚远。该学说认为如果你读了《孙子兵法》或雇用一家著名的咨询公司，你就可以化平庸为神奇，得到一个好的战略。我有意忽略了这种观点。商业人士通常聪明、积极且消息灵通。在成熟的企业中，这种聪明决策通常会出现在竞争对手之间互相套利的永恒轮回中。我承认它是价值创造必要的一部分，但它太过常见，且远远不够使企业达成目标。

企业价值

到目前为止，我已经分别定义了"战略学"和"战略"。第一项与企业价值挂钩，而第二项与战略力量挂钩。

作为一名经济学家，我习惯用一些简单的数学公式来明确这些定义。接下来，通过将企业价值纳入我对战略的定义，我建立了"战略学"和"战略"之间的联系。

就本书而言，企业价值指的是绝对的基本股东价值[5]，即公司独立业务经营单元的股东价值。其最好的表现方式是该项业务预计未来自由现金流（FCF）的净现值（NPV）[6]，可以用以下公式来表示：

$$NPV = \sum \left(\frac{CF_i}{[1+d]^i} \right)$$

式中：

$CF_i \equiv$ 阶段 i 中的预计自由现金流

$d \equiv$ 折现率

一个在数学上意义同等[7]，但更恰当地表示自由现金流净现值的公式是：

$$NPV = M_0 g \bar{s} \bar{m}$$

式中：

$M_0 \equiv$ 当前的市场规模

$g \equiv$ 贴现市场增长系数

$\bar{s} \equiv$ 长期的市场份额

$\bar{m} \equiv$ 长期的差异化利润率（净利润率－资本成本）

因此：

$$价值 = M_0 g \bar{s} \bar{m}$$

我将此称为**战略的基本公式**。让我们回忆一下我之前对战略的定义：

战略： 在足够大的市场中保持战略力量的路径。

M_0 和 g 的乘积反映了随时间变化的市场规模。因此，它们表示了这一定义中"足够大的市场"的部分。竞争对手之间套利的影响同时体现于利润率和市场份额，因此战略力量的数值体现于企业是否可以保持或增加市场份额（s）[8]，同时保持可观的长期差异化利润率（$\overline{m}$）。换句话说：

企业潜在价值 = 市场规模 × 战略力量

这里指的是潜在价值，而企业需要卓越的运营才能实现这一潜力。通过这一视角审视英特尔，我们可以发现内存和微处理器都有一个大规模的市场（$M_0 g$）。那么是什么导致了两者截然不同的结局呢？在安迪·格鲁夫的领导下，卓越的运营是常态，所以是战略力量决定了两者的不同结局：随着时间的推移，竞争对手乘虚而入，从而导致内存业务的利润率（$\overline{m}$）为负；相比之下，战略力量使得英特尔在微处理器领域保持高利润率（$\overline{m}$）。[9]

之后的话题

这个简单的数学公式证实了我对战略的定义。该公式详尽地诠释了企业价值，同时也兼具理论价值。只要满足战略真谛的要求，你就可以创造企业价值。另外，重要的是，它同时涵盖静态和动态战略。

话虽如此,你现在可能还不满意于我对战略的定义,因为它除了基本的数学公式外没有提供其他说明。到目前为止,我还没有解释具体什么样的条件最有可能产生持久的差异化回报。这正是7个战略力量框架和接下来的章节所要达成的目标,也是本书的重点。在我能使战略真谛有实际意义之前,我必须详细说明战略力量的具体类型以及它们是如何形成的。

最后,我想介绍一些在接下来的章节中会重复出现的主题。

持久性。战略的基本公式规定了不变的 m,即差异化利润率。任何做过估值、并购或价值投资的人都知道,企业的大部分价值来自未来业绩。对于快速增长的公司来说,这一点变得格外突出。你不会从仅仅几年的正向利润(m)中获得多少收益,因为它们将逐渐减少或完全消失。让我们以一个常见的估值模型为例:如果一家公司以每年10%的速度增长,那么未来三年的贡献只占其价值的15%左右。

"战略力量"一词是用来形容那些创造持久差异化回报的一系列前提条件。换句话说,我们追求的是长期的竞争优势,而不仅仅是第二年的结果。英特尔2016年1500亿美元的市值不仅反映了投资者对高回报的预期,也预示该回报会持续很长一段时间。因此,持久性是这种价值的一个关键特征。若想达到这种持久性,战略学必须是动态的——一切都以建立和保持一个无懈可击的地位为目标。战略需要企业能识别和巩固这些稀有的战略力量,以此对因竞争对手的挑战而造成的企业价值稀释形成轻松免疫。英特尔最终在微处理器领域达成了这一目标,但在内存领域却永远达不到。

让我在此说个重要的题外话。我想评论一下一个常见的错误观念,即股市只关心本季度的业绩。这个话题与我们关于持久性的讨论紧密相关,因为如果这个假设是正确的,那么我们就可以完全否定任何关于持久性的探讨。然而,从长期来看,如果忽略投机行为带来的干扰,投资者应该明白我在战略持久性特点分析中提到的10% 和15% 的计算,而业绩的持久性决定了分析师的估值模型——反映了分析师对公司长期自由现金流的预期。当然,企业当前的业绩变化可能导致他们大幅度调整预期,但这并不是因为他们只关心企业的短期表现,而是因为企业当前的表现是预测未来表现的一个重要指标,也因此决定了人们对企业的长远预期。不过,要想证实这些预期,持久性还是关键。

双重属性。战略力量很难获取,却至关重要。如上所述,其关键点是持久的差异化回报。因此,我们必须把它与规模和持续时间联系起来。

- **收益**。战略力量创造的条件是必须大幅度增加现金流,这是双重属性的"规模"方面。它可以表现为价格上涨、成本降低或投资需求减少。

- **壁垒**。收益的表现不仅需要增加现金流，还必须具备持久性。战略力量的某些方面必须能阻止现有的、潜在的、直接的、间接的竞争对手进行价值毁灭的套利行为，就如英特尔在其内存业务中所经历的那样。壁垒保证了战略力量的持久性。

当我在接下来的章节中描述 7 种战略力量时，我会一一叙述它们各自独特的收益和壁垒。这些收益听起来可能比较耳熟，因为它们较容易实现。的确，企业每项重大的成本削减计划都可以归到此类。相比之下，因为竞争对手之间普遍存在套利行为，壁垒的建立更难能可贵。因此，作为一名战略家，我的建议是先从壁垒下手。以英特尔为例，若想理解其微处理器战略的核心，我们不是通过梳理它提升自我价值的多样手段，而是通过推断为何几十年的高强度竞争未能模仿或破坏这些价值。

产业经济与竞争地位。战略力量的条件涉及企业的竞争地位和所在行业的经济特征之间的相互作用。在本书的第一部分中，我将在介绍每种战略力量时分析这两种驱动因素。这样有助于读者理解并应用书中的概念，同时也阐明了"行业吸引力"在创造公司价值潜力中的作用。

复杂竞争。战略力量与优势不同，是一个明确的相对概念：它是关于企业相对于一个特定的竞争对手的力量。好的战略需要针对每个竞争对手对战略力量进行评估，包括现有及潜在的竞争对手、直接及间接的竞争对手。任何这样的对手都可能进行你试图规避的套利行为，而任何一种套利都足以降低你的利润率[10]。

聚焦单一业务。不同业务单元的经营战略是不一样的，即使它们隶属于同一家公司，而这种情况对集团公司很常见。在英特尔的案例中，内存和微处理器本质上属于两种不同的业务，由此形成了两个完全不同的战略。战略力量的概念也把这一点纳入其中。在同一家集团公司下，多业务单元的不同竞争战略及其相互关联的研究属于公司战略的内容，该问题超出了本书当前版本的范畴[11]。我希望本书再版时借助动态战略的工具对多业务单元的研究提供有价值的洞见。

领导力。战略力量的概念（以及缺乏战略力量对公司带来的影响）是沃伦·巴菲特如下观点的基础：优秀的管理者并不能让一个糟糕的企业扭转乾坤。然而，作为一名经济学家，我深信领导力对创造企业价值至关重要。英特尔的案例同样具有启发性。毫无疑问，如果诺伊斯、摩尔和格鲁夫选择让英特尔停留在内存领域，人们对他们的管理能力一定会产生不同看法。没错，同样可以确认的是，在把微处理器作为英特尔最重要的业务以及为公司开辟出一条持续获得战略力量道路的其他决策上，他们的领导力起到了关键作用。对领导力是否能将公司转危为安的不同评价暗示了动态和静态战略之间的差异，我将在接下来的章节中阐述这一差异。

结论

多年企业咨询和股票投资的经验让我清楚地认识到，优秀企业的崛起不是线性的，而是阶梯式的。在一些关键时刻，企业做出的决定会塑造其未来的轨迹。为了下好关键的几步棋，你必须灵活地调整战略去适应变化的环境。本书的目标雄心勃勃：帮助你在变化多端的重要时刻灵活运用战略学的原则。但摆在面前的是一个艰巨的挑战：战略学的核心概念必须提炼成一个简约而不简单的框架。只有这样，它才能作为一个决策认知的实时向导服务于你。

本书序言从商业价值的决定因素出发，正式推导了战略力量、战略及战略学的定义。这些单独区分的定义可以确保我们不略过重要的企业目标。这就是所谓的"不简单"。[12]

本书序言为接下来的 7 章奠定了坚实基础，而每一章都会聚焦于一种战略力量。当你读完本书并消化、记住了其中的内容，你就可以自行判断本书提供的战略框架是否"简约"。我可以向你保证：许多商业人士曾使用过且正在使用这 7 种战略力量。他们发现该战略框架令人难忘，可以很容易地将其运用到日常工作中。我希望你也会有同样的体验，让本书帮助你建立一个优秀的企业。

战略的基本公式的推导

定义

$\pi_i \equiv$ 阶段 i 的利润（税后、息前）

$I_i \equiv$ 阶段 i 的净投资

　　$= \Delta$ 营运资金 + 固定投资总额 − 折旧

$K_i \equiv$ 阶段 i 末的资金

$K_0 \equiv$ 启动资金

$P \equiv$ 终端售价

$c \equiv$ 资本成本

$r \equiv$ 回报率

$\gamma \equiv$ 差异化回报率 $= r-c$

$\eta \equiv$ 营收增长

$CF_i \equiv$ 阶段 i 的现金流 $= \pi_i - I_i$

净现值（NPV）

$$NPV = -K_0 + \sum_{i=1}^{i=n} \frac{\pi_i - I_i}{(1+c)^i} + \frac{P}{(1+c)^n}$$

$$= -K_0 + \sum_{i=1}^{i=n} \frac{\pi_i - (K_i - K_{i-1})}{(1+c)^i} + \frac{P}{(1+c)^n}$$

$$= -\text{期初投资} + \text{折现后现金流} + \text{折现后终值}$$

$$= \sum_{i=1}^{i=n} \frac{\pi_i}{(1+c)^i} - K_0 + \sum_{i=1}^{i=n} \frac{-(k_i - k_{i-1})}{(1+c)^i} + \frac{P}{(1+c)^n}$$

$$= \sum_{i=1}^{i=n} \frac{\pi_i}{(1+c)^i} - \left[K_0 + \sum_{i=1}^{i=n} \frac{K_i - K_{i-1}}{(1+c)^i} \right] + \frac{P}{(1+c)^n}$$

中间项化简

$$K_0 + \sum_{i=1}^{i=n} \frac{(K_i - K_{i-1})}{(1+c)^i}$$

$$= K_0 + \frac{K_1 - K_0}{(1+c)} + \frac{K_2 - K_1}{(1+c)^2} + \cdots + \frac{K_n - K_{n+1}}{(1+c)^n}$$

$$= K_0 - \frac{K_0}{(1+c)} + \frac{K_1}{(1+c)} - \frac{K_1}{(1+c)^2} + \frac{K_2}{(1+c)^2} - \cdots + \frac{K_{n-1}}{(1+c)^{n-1}} - \frac{K_{n-1}}{(1+c)^n} + \frac{K_n}{(1+c)^n}$$

$$= K_0 \left(1 - \frac{1}{1+c} \right) + K_1 \left(\frac{1}{1+c} - \frac{1}{(1+c)^2} \right) + \cdots +$$

$$K_{n-1}\left(\frac{1}{(1+c)^{n-1}}-\frac{1}{(1+c)^n}\right)+\frac{K_n}{(1+c)^n}$$

$$=\frac{K_0}{(1+c)^0}\left(1-\frac{1}{1+c}\right)+\frac{K_1}{(1+c)^1}\left(1-\frac{1}{1+c}\right)+\cdots+$$

$$\frac{K_{n-1}}{(1+c)^{n-1}}\left(1-\frac{1}{1+c}\right)+\frac{K_n}{(1+c)^n}$$

$$=\frac{K_0}{(1+c)^0}\left(\frac{1}{1+c}\right)+\frac{K_1}{(1+c)^1}\left(\frac{1}{1+c}\right)+\cdots+$$

$$\frac{K_{n-1}}{(1+c)^{n-1}}\left(\frac{1}{1+c}\right)+\frac{K_n}{(1+c)^n}$$

$$=K_0\frac{c}{1+c}+K_1\frac{c}{(1+c)^2}+\cdots+K_{n-1}\frac{c}{(1+c)^n}+\frac{K_n}{(1+c)^n}$$

$$=\sum_{i=1}^{i=n}K_{i-1}\frac{c}{(1+c)^i}+\frac{K_n}{(1+c)^n}$$

这是简化后的中间项,将其代回公式中:

$$\Rightarrow NPV=\sum_{i=1}^{i=n}\frac{\pi_i}{(1+c)^i}-\left[\sum_{i=1}^{i=n}K_{i-1}\frac{c}{(1+c)^i}+\frac{K_n}{(1+c)^n}\right]+\frac{P}{(1+c)^n}$$

$$=\sum_{i=1}^{i=n}K_{i-1}\frac{\pi_i-cK_{i-1}}{(1+c)^i}+\frac{P-K_n}{(1+c)^n}$$

假设企业的寿命$=L$。当$t=L$时,$P=0$。因此∃一项$n^*<L$∋ $\left|\frac{P-K_n}{(1+c)^n}\right|<\in$,其中$\in$对NPV不重要。因此在$n^*$处,我们可以忽略第二项$\frac{P-K_n}{(1+C)^n}$,因此:

$$NPV = \sum_{i=1}^{i=n^*} K_{i-1} \frac{\pi_i - cK_{i-1}}{(1+c)^i}$$

$$= \sum_{i=1}^{i=n^*} \frac{rK_{i-1} - cK_{i-1}}{(1+c)^i}$$

$$= \sum_{i=1}^{i=n^*} \frac{K_{i-1}(r-c)}{(1+c)^i}$$

$$= \sum_{i=1}^{i=n^*} \frac{K_{i-1}\gamma}{(1+c)^i}$$

$$= \sum_{i=1}^{i=n^*} \frac{K_0(1+\eta)^{i+1}}{(1+c)^i}\gamma$$

$$= K_0 \sum_{i=1}^{i=n^*} \frac{(1+\eta)^{i+1}}{(1+c)^i}\gamma$$

$$\Rightarrow NPV = K_0 g \gamma$$

其中 $g \equiv$ 折现后增长系数 $= \sum_{i=1}^{i=n^*} \frac{(1+\eta)^{i+1}}{(1+c)^i}$

减去资本成本的第一阶段利润 $=K_0\gamma$

或者，

$$K_0\gamma = M_0 \bar{s} \overline{m}$$

（两者都是第一阶段减去资本成本的利润表达式）

式中：

$M_0 \equiv$ 起始市场规模

$\bar{s} \equiv$ 平均市场份额

$\overline{m} \equiv$ 长期的差异化利润率（平均利润率减去资本成本）

因此，我们可以定义为：

$$NPV = M_0 g s \overline{m}$$

可以解释为：

$$NPV = 市场规模 \times 战略力量$$

在推导战略的基本公式时使用了以下这些简化的假设：

1. $n = n^*$

2. 市场增长率保持不变直到 n^* 年

3. 市场份额保持不变直到 n^* 年

4. 差异化利润率保持不变直到 n^* 年

5. 企业的寿命有限

如果要将所得价值与公司实际市值进行比较，除了改变这些假设，还必须加入启动资金，考虑整个市场的价格水平，并在资产负债表上加入剩余资产（例如累计的现金）。[13]

第一部分
静态战略

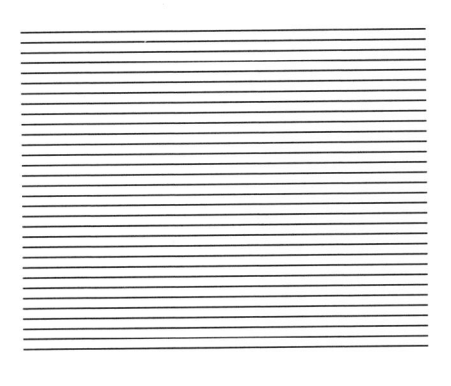

第一章

规模经济

规模经济是指单位成本随产量增加而下降的业务。规模经济可以保障企业有足够的回旋余地，通过自身成本优势阻击跟随者的挑战，保持原有的市场份额不被蚕食。

网飞破解密码

本章将开启我们创建 7 种战略力量的旅程。本章和之后的 6 章将分别涵盖 7 种战略力量类型中的一种。我会从规模经济开始讲述，并用网飞的例子诠释这一力量。

2003 年春，我投资了一家位于加州洛斯加托斯的小型创业公司。今天你或许已经熟知它的名字——网飞。我通常以投资市值超过 100 亿美元的大公司为主，但我这次之所以押注网飞，是因为它优秀的邮寄 DVD 影碟租赁业务成功地颠覆了百视达的实体店影碟租赁商业模式。百视达面临着失去市场份额或是取消占其收入大约一半的滞纳金的窘境。我的投资假设正是基于百视达当时面临的这种两难境地：百视达将会步履蹒跚地面对痛苦的现状而无法改变，而网飞将会继续蚕食它的客户。[14]

这一假设被百视达随后的举动和最终的破产证实（见图 1-1）。

图 1-1 百视达和网飞的营收[15]

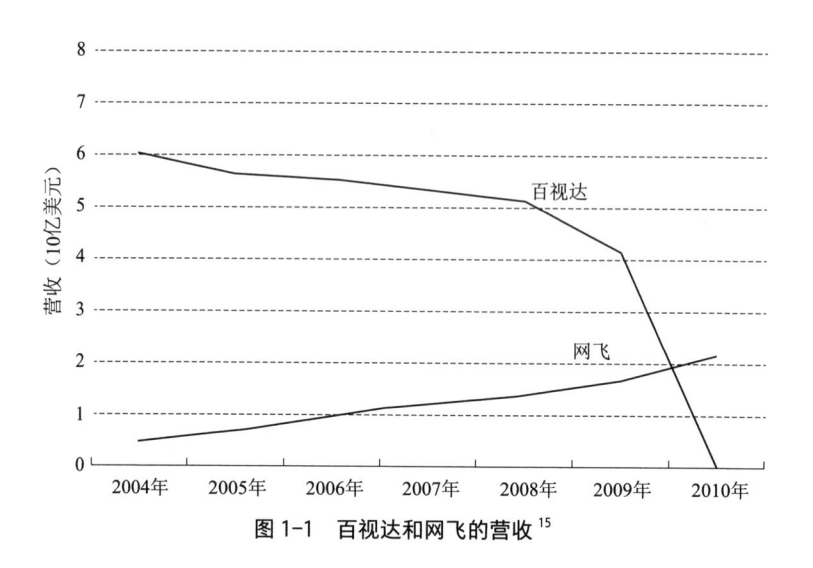

正如我在序言中所述,战略必须满足"在足够大的市场中保持战略力量"的高门槛。网飞的邮寄 DVD 影碟租赁业务达到了这一标准,而它与百视达抗衡的战略力量将其引向了成功。

不过这一邮寄 DVD 影碟租赁业务长期来看仍然存在风险。线下观看 DVD 影碟的娱乐形式最终会被线上数字流媒体取代,具体的时间不确定。但摩尔定律加上互联网宽带和性能的飞速发展使这一结局成为必然。数字化的未来正在冉冉升起,而网飞已经看到这一点。毕竟,它没有将自己命名为"仓飞"(Warehouse-Flix)。

从战略的角度来看,流媒体是一项和 DVD 邮寄截然不同的业务。这两项业务中战略力量的驱动因素是完全不同的,它们隶属于不同的行业并拥有不同的潜在竞争对手。流媒体业务的战略前景也不是那么鼓舞人心：IT（信息技术）成本的直线下降和云服务的快速发展使得流媒体的门槛逐渐降低。似乎任何人都可以开展流媒体业务。

网飞虽读懂了这一点，但仍临危不惧。它意识到自己除了接受流媒体，别无选择。作为一家擅长战略创新的企业，网飞知道如果不先做自我淘汰，就会被市场淘汰。网飞在战术上也很聪明，考虑到这一新兴领域的不确定性，它不急不躁，避免冲动之下孤注一掷的滑稽之举。它在2007年谨慎地进入流媒体领域，希望试水并获取经验。与此同时，它还不辞辛苦地与五花八门的流媒体平台硬件提供商合作。

尽管这些聪明的策略复杂且费时费力，它们本身并不能算作战略。而在此初期阶段很难认定网飞是否有构建战略力量的潜力。眼下网飞只能保持警惕，希望如巴斯德的格言所述，机会只青睐有准备的头脑。

直到2011年，也就是开展流媒体业务整整4年后，网飞才开始形成关键洞见并转变重点。在那之前，网飞一直与以电影公司为主的内容提供商谈判播放权。但这些公司十分精明，将播放权按照地理区域、发行日期、协议期限等进行划分。网飞的首席内容官泰德·萨兰多斯意识到持有某些内容的独家流媒体播放权对公司而言至关重要。之后网飞终于踏出了关键一步：从2012年的《纸牌屋》开始，将主要资源投入到原创内容上。

表面来看，网飞的举动很冒险，过于雄心勃勃。制作原创内容并将独家版权与内容绑在一起的成本更高。此外，网飞之前的内容制作与发行部门（Red Envelope Entertainment）也曾尝试过原创内容，但结果并不理想。这种产业链前向整合策略看似是搭了"一座太过遥远的桥"。

但事实证明，这些大胆、反直觉的举措改变了游戏规则。独家版权和原创内容是网飞成本结构的主要组成部分，是一个固定成本项目。无论订户有多少，任何流媒体平台都需要同样的成本制作同等水平的原创内容。假设网飞花了1亿美元制作《纸牌屋》，而它当时的流媒体业务有3000万订户，那么分摊到每位订户的成本是3美元。在同样的情况下，只有100万订户的竞争对手分摊到每个人的成本就是100美元。这一行业经济结构游戏规则的根本改变破解了原来各个流媒体平台之间由于片源大同小异所导致的价格战怪圈[16]。

规模经济：7种战略力量中的第一种

规模经济，即随着企业规模的扩大，单位成本会随之下降。它是我要探讨的7种战略力量中的第一种，其概念渊源始于亚当·斯密的《国富论》以及经济学本身的起源。

为何规模经济会引向战略力量？让我们回忆一下序言中所列出

的战略力量的条件。战略力量是一种配置，即使面对高强度的竞争环境，也拥有创造持久、显著的差异化回报的潜力。为实现这一点，以下两点必须同时存在。

- **收益**：某些可以为战略力量持有者的现金流带来实质性改善的条件，通过降低成本、提高定价或降低投资需求来实现。
- **壁垒**：使竞争对手无法或不愿参与套利行为的障碍。

对于规模经济来说，收益是显而易见的，即降低成本。就网飞而言，它在订户数量上的领先直接降低了分摊到每位订户的原创和独家内容成本。

至于壁垒就更加微妙一些。是什么阻止了其他公司采取同样的方案呢？答案在于竞争对手之间可能存在的相互作用。假设一家公司具有显著的规模优势。在发现这一优势后，较小的公司的第一反应可能是抢占市场份额，从而改善它们的相对成本地位，消除一些不利条件并提升利润。然而，为了达到这一目标，它们必须向客户提供更好的价值，比如更低的价格。

在一个成熟的市场，领先的公司会察觉小公司的这种策略并意识到对手对规模优势的威胁。领先公司会利用其领先的成本优势作为防御壁垒进行反击（例如相应降价）。在几轮博弈之后，该市场的跟随者们会对这种领先者的反击产生预期，并将其纳入自己的财务模型，以应对下次降价对自身业绩的影响。然而对跟随者来说，这种降价举动难免破坏企业价值，而非创造价值。

我在序言中提到的英特尔微处理器业务就是一个很好的例子。英特尔在微处理器业务中建立了规模经济。在很长一段时间里，它在该领域受到 AMD 的不懈挑战，结果英特尔的业务一直很出色，而 AMD 却始终陷在苦海中——英特尔随时都可以依靠其规模经济的优势来击败 AMD。

对跟随者而言，降价策略导致的成本/收益不经济性正是领先者的规模经济壁垒。当然，这道屏障必须由市场中在位的领先企业细心维护，但押注于规模经济之外的其他任何东西都是愚蠢之举。由此可见，规模经济满足战略力量的必要条件。

规模经济： 收益：降低成本

壁垒：跟随者增加市场份额的高昂成本

这种情况给规模小于网飞的流媒体竞争对手造成了非常困难的处境。如果它们像网飞一样以同样的价格提供同样数量的原创内容，它们的利润就会受损。如果它们试图通过提供更少的内容或提高价格来弥补损失，客户将会放弃它们的服务，从而导致市场份额的流失。这样一个能让竞争对手在激烈博弈后陷入死胡同的预期便是战略力量的标志。

7 种战略力量图

规模经济是我将讲述的 7 种战略力量的第一种。为帮助读者跟进和比较,我会介绍"7 种战略力量图"。我将在之后的每章中将一种新的战略力量类型填入图 1-2。

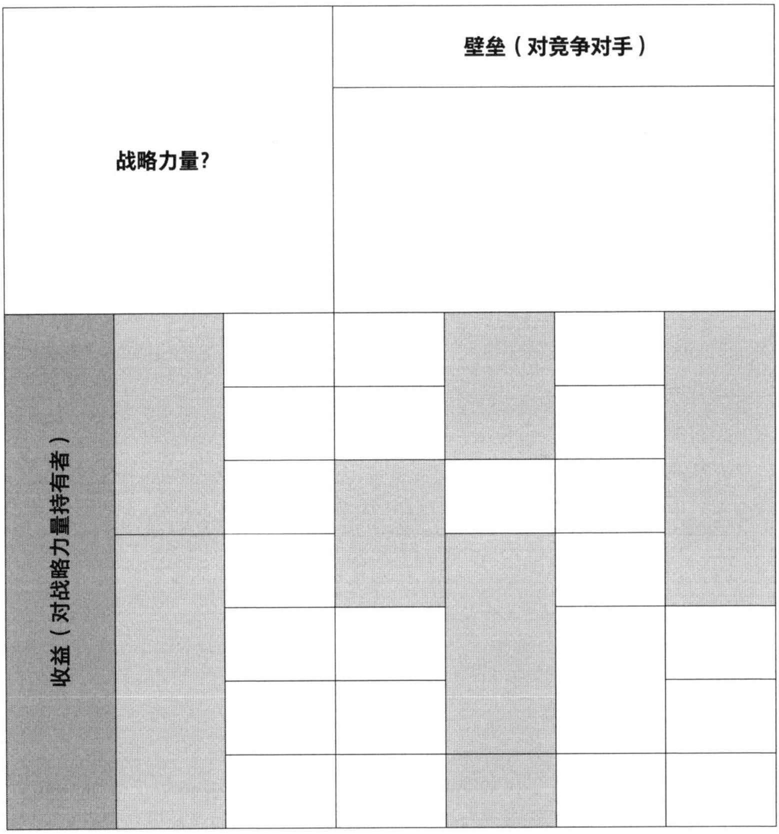

图 1-2 战略力量收益、壁垒分析

如上所述，战略力量的应用需要持有者同时拥有收益和壁垒。

我会用有关收益和壁垒的具体细节来填充该图。就收益而言，在其他条件不变的情况下，公司的现金流是通过提升价值（促进更高的定价）或降低成本得到改善的。[17]至于壁垒，竞争对手之所以未能乘虚而入，是因为它们没有能力或它们虽然可以但不愿这样做，因为预期的结果并不划算（见图1-3）。

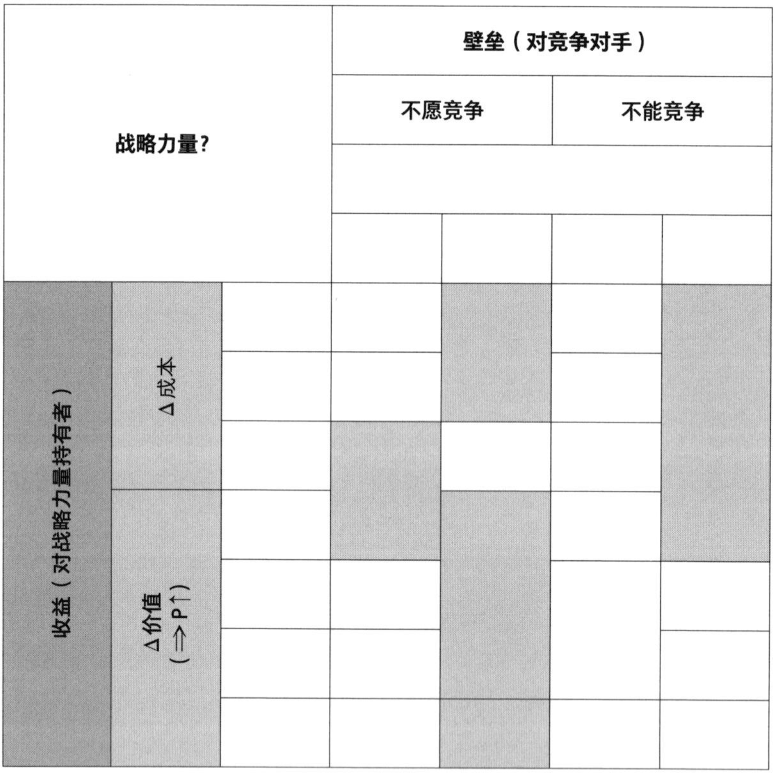

战略力量？		壁垒（对竞争对手）	
		不愿竞争	不能竞争
收益（对战略力量持有者）	Δ成本		
	Δ价值 (⇒P↑)		

图1-3 战略力量收益、壁垒分析

现在，我可以用第一种战略力量类型——规模经济来填充图1-4。

7种战略力量			壁垒（对竞争对手）	
			不愿竞争	不能竞争
			不确定性	
			增加市场份额 成本/收益	
收益（对战略力量持有者）	Δ成本	投入	规模经济	
		生产/分销规模		
	Δ价值 (⇒P↑)			

图1-4　7种战略力量中的规模经济

规模经济的定义如下：

单位成本随产量增加而下降的业务。

从网飞的例子中，我们可以看到很多科技公司中频繁出现的规模经济的一大特征：单一的固定成本和随着业务量不断提升而下降的单位成本。

除了固定成本，规模经济的形成也有其他几个来源。

- **产量与地区关联**：当生产成本与地区密切相关，设备利用率又与产量相关联时，单位生产成本就会随规模增加而降低。牛奶储藏罐和仓库就是很好的例子。
- **配送网络密度**：随着每个地区客户的增多，配送网络密度相应增加，这样物流公司就可以通过成本最小化的配送路线降低运输成本。UPS（联合包裹）的新竞争对手将面临这种挑战。
- **经验学习曲线**：随着企业学习能力的积累，单位产品成本的降低或产品品质的提升会导致企业收益不断提升。当企业收益的提升和生产规模成正相关时，领先企业便获得了规模优势。
- **购买成本**：规模大的买家往往可以获得更划算的购买价格，沃尔玛就受益于此。

战略力量和价值

战略的唯一目标是提升企业的潜在价值。图 1-5 显示了网飞在其流媒体业务中建立战略力量后的表现。

图 1-5　网飞股价 vs 标普 500（8/2010 = 100%）[19]

网飞的股价走势值得探讨学习。首先，其成功战略的回报是相当可观的。2010—2015 年，网飞销量的涨幅上升了 2 倍，但股价上涨了 6 倍。其次，我们可以观察到这种杰出表现并非一帆风顺：2010—2013 年，网飞的股价像过山车一样起起伏伏，之后也没有安然无恙。关于这些波动有两点值得一提。

- 在高度变化的市场中，战略力量通常需要一段时间才能准确地通过现金流体现，因此投资者的预期可能会上下波动。
- 在探讨战略力量时，我一直谨慎地将其描述为创造价值的潜力，但这种潜力只有在与卓越的执行力相结合时才能实现。网飞的股价在 2011 年的暴跌是运营失误的结果。[18] 尽管那段时间很痛苦，网飞的战略依然有效，其战略力量也完好无损，所以这些失误不是致命的（见图 1-5）。

战略力量的强度：产业经济 + 竞争地位

在离开本章进入下一种战略力量之前，我想针对战略力量本身的特征做一点补充说明。

经济学家善于通过相对严谨的建模将问题的本质剥离出来。其中的精髓在于挑选简化后的假设，即这些假设的选取必须既保证能单独分离出问题的主要特征，又不将其核心特点被假设排除。

正如我之前所提，规模经济的壁垒在于市场跟随者的理性计算（通常是通过以往教训学来的），即尽管领先者获得了高额回报，跟随者对其进行攻击的代价是巨大的。

有一种有效的方法可以更正式地评估领先者通过规模经济所获得的战略力量，即评估它们是否有足够的回旋余地通过自身成本优势阻击跟随者的挑战，从而保持原有的市场份额不被蚕食。这种回旋余地越大，就越有助于规模经济领先者保持长期的市场地位。

为了进行分析，让我来介绍一下领先者剩余（Surplus Leader Margin，SLM）的概念。这是假设在市场竞争使得竞争对手利润为零时，拥有战略力量的领先者所能获得的利润。我在本章的附录中对像网飞一样在固定成本上具有规模优势企业的 SLM 进行了推导。如果固定成本 = C，那么：

SLM = [C/ 领先者的销量] × [领先者的销量 / 跟随者的销量 − 1]

该公式的第一项[20]表示固定成本在销售额中的占比，而第二项则显示了规模优势的强度。用另一种方式表达如下：

SLM = 规模经济的强度 × 规模优势

具体来讲，公式的第一项与该行业的经济结构（规模经济强度）有关，是所有企业都面临的境况。第二项则反映了领先者相对于跟随者的位置。只有当这两项数值较大时，规模经济的战略力量才成立。例如，即使存在显著的潜在规模经济（固定成本相对于销量很大），在和跟随者没有任何规模差异的情况下，因为公式中第二项为零，领先者剩余仍为零（缺乏战略力量）。

对实践者来说，将战略力量的强度分为产业经济和竞争地位两个维度来分析至关重要，因为它适用于大部分战略力量类型。在任何对战略力量的评估中，两者都需要独立来看，而且两者对于公司的战略举措同等重要。[21] 网飞凭借其流媒体业务发起了双管齐下的攻击。通过推出独家和原创产品，网飞改变了所在行业的经济结构，而它早期经过深思熟虑的行动使自己获得了规模优势。如果网飞接受了行业原有的经济结构并认定那是不可改变的，那么它在流媒体业务中就无法开辟出一条通往战略力量的路径。如果仅依赖于不断下滑的DVD租赁业务，网飞的价值前景也会相当暗淡。

在接下来的章节中讨论每种战略力量时，除了"7种战略力量图"，我还将绘制另一幅图以总结这两个维度的特点，它们结合在一起决定了战略力量的强度。图1-6是在本章首次添加的战略力量强度决定因素分析图。

规模经济	产业经济	竞争地位
	规模经济强度	相对规模

图1-6 战略力量强度的决定因素

规模经济：总结

网飞的流媒体业务是其惊人增长的驱动因素，使其市值达到几百亿美元。通过对卓越业绩的不懈追求，网飞取得了今天的成就。

这种坚持和专注是创建公司价值的必要条件，但仅仅有这些还不够。网飞的成功始于它在重要市场中开辟了一条通往战略力量的路径。这一新战略的成功基石是转向独家和原创内容，这使网飞利用规模经济奠定了成功的基础。这种规模经济完全满足了我们对战略力量的定义：收益源于庞大的用户群带来的单位用户内容成本下降，而壁垒源于竞争对手抢占市场份额所投入成本的回报率太差。

规模经济中 SLM 的推导

在分析战略力量的强度时,我会提出的问题是:"在市场定价使得没有战略力量的公司无利可图时,是什么因素决定了拥有战略力量的公司的盈利能力?"

本附录将从固定成本的角度探讨规模经济。规模经济还有其他来源,但固定成本是一个常见的来源。

$$总成本 = cQ+C$$

在这个公式中,

$c \equiv$ 单位变动成本

$Q \equiv$ 单位生产数量

$C \equiv$ 固定成本(在每个生产阶段,而非启动阶段)

$$\therefore 利润(\pi) = (P-c)Q-C$$

其中 $P=$ 所有卖家面对的市场定价

这里有两种公司:较强的公司 S 和较弱的公司 W

评估领先者战略杠杆的指标即为 SLM:

SLM:在 P 设置为 $\exists_w \pi = 0$ 的情况下,是什么决定了 S 的利润?

$$_w\pi = 0 \Rightarrow 0 = (P-c)_w Q - C$$

$$或\ P = c + C/_wQ$$

$$_s\pi = (P-c)_sQ - C$$

将 P 的公式代入：

$$= ([c+C/_wQ]-c)_sQ - C$$

$$= [C/_wQ]_sQ - C$$

$$= C(_sQ - _wq)/_wQ$$

或者

$$S利润 \equiv\ _s\pi/_s营收 =\ _s\pi/(P_sQ) = [C/(P_sQ)][(_sQ -\ _wQ)/_wQ]$$

$$\boxed{\textbf{\textit{SLM}} = [C/(P_sQ)][_sQ/_wQ-1]}$$

$[_sQ/_wQ-1]$：竞争地位——相对市场份额

$[C/(P_sQ)]$：产业经济——固定成本的相对重要性

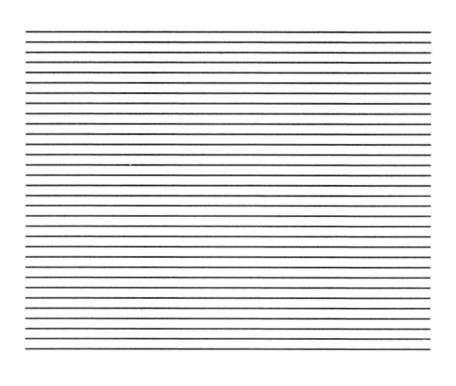

第 二 章

网　络　效　应

网络效应是指现有客户的价值随着新客户的增加而增加。谁在早期把产品做对，谁就能以最快的速度跑马圈地。当手握众多有价值的用户后，挑战者会因高昂的代价而不得不退出竞争。

BranchOut 挑战领英

里克·马里尼在 2010 年 6 月遇到了一个问题：他需要找到某家公司的一位联系人，虽然他确定自己认识对方，但就是想不起名字。大多数人很快就会忘记这种烦恼，但马里尼不一样。他是哈佛商学院培养的连续创业家，拥有丰富的招聘经验。他创立了社交网站 SuperFan 和 Tickle.com，并将后者以近 1 亿美元的价格卖给了巨兽公司（Monster Worldwide）。

所以一个月后，他推出了脸书职业社交应用程序 BranchOut。马里尼做出了很大努力，在 2010 年 9 月获得了由 Accel 合伙公司（Accel Partners）、Floodgate 和诺维斯特风险投资公司（Norwest Venture Partners）领投的 600 万美元的 A 轮融资，一些知名科技公司的高管也加入了这轮融资。

招聘人员想要最大化利用时间，所以他们会去应聘者最集中的地方，而应聘者同样会把名字挂到招聘者最集中的网站上。这种"手拉手"的自我强化效应被称为网络效应[22]：随着新客户加入"网络"，企业的服务对于每位客户的价值也随之提升。在这种情况下，谁拥有最多的客户，谁就是赢家。马里尼熟知这个比赛规则：要么迅速扩张，要么死亡。

如果市场中已经存在网络效应，追赶领先者通常是不可能的。虽然领英已经拥有 7000 万用户，但马里尼认为比赛还没有结束。他的想法是把 BranchOut 建立在脸书庞大用户的基础上（用户规模几乎是领英的 10 倍），而用户可以通过工具从领英下载他们以前的全部信息，导入 BranchOut 进行无缝衔接。马里尼将脸书提供的人脉看作为客户提供更好价值的关键：

> 脸书拥有领英所没有的紧密人际关系。领英上的联系人是你在会议上认识的，而脸书才是真正支持你的社交网络。

马里尼的策略似乎颇受欢迎：2011 年第一季度，BranchOut 的用户数量从 1 万激增至 50 万。凭借这种超级规模，马里尼在 2011 年 5 月获得了 1800 万美元的 B 轮融资。

事情并没有就此结束。该公司获得了众多奖项，在 2011 年还荣幸进入"科技快公司 50"（FASTech50）榜单。随着 BranchOut 月活用户的增加，投资者投入更多资金，总投资额达到 4900 万美元。

2011年5月19日,领英的首次公开募股(IPO)大获成功,股价在一天内翻了一番,这似乎进一步证实了该领域的火热程度。

BranchOut的用户继续快速增长,在2012年春天达到1400万的峰值。然而它随后一落千丈,正如图2-1所示。科技博客(Tech Crunch)是这样解释这一现象的:

> BranchOut的用户中很少有人真正参与其中,而它计划用来赚钱的招聘工具也从未获得真正的关注。当脸书禁止人们发布垃圾推广文章后,BranchOut的客户流失率迅速超过其增长速度,公司也随之萎缩,迷失了前进的方向。

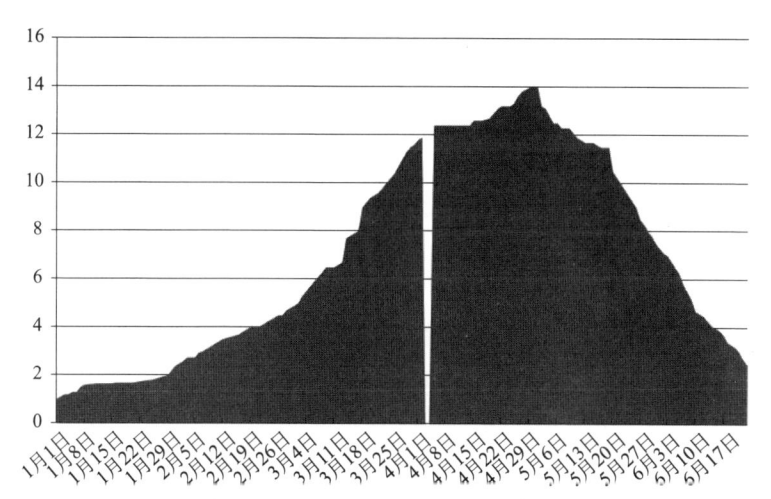

图2-1 BranchOut月活跃用户(单位:100万人,2012年1月1日—6月17日)[23]

2014年9月，赫斯特（Hearst）收购了BranchOut的资产和团队，为该公司画上了句号（见图2-1）。

BranchOut、脸书和领英这三家公司的成功是基于它们提供的服务对用户的价值，而这种价值取决于其他用户的存在，这是网络效应的核心特点。这些公司的创始人都充分意识到这一行业特点，并积极地针对该特点制定策略。脸书和领英之所以能共存，是因为它们各自的网络是分开的：用户希望将自己的个人生活（脸书）和工作（领英）分开。BranchOut希望在两者之间搭起一座桥，但它没有成功。用户希望两种网络始终保持区隔，这是脸书自己从企业脸书（Facebook at Work）的失败中吸取的教训。

网络效应可以产生强有力的战略力量，而一些优秀的业务正是建立在其基础上，如IBM大型机、微软操作系统、施坦威钢琴（Steinway Pianos）和交易基金（ETF）。

收益和壁垒

当产品对客户的价值因他人对产品的使用而增加时，就产生了网络效应。回到我们对于战略力量的收益和壁垒的定义。

- **收益**：在网络效应中处于领先地位的公司可以比竞争对手收取更高的价格，因为更多的用户可以带来更高的价值。以领英为例，其人才解决方案的价值来自它的用户数量，所以领英可以比用户较少的竞争对手收取更高的费用。

- **壁垒**：网络效应的壁垒将使跟随者获得市场份额的投资回报率极低，从而无利可图。市场跟随者所提供的客户价值被极大降低，从而需要相当大的价格折扣才能让用户迁移。例如，要想让用户使用 BranchOut 而非领英，BranchOut 应该向他们提供什么？我想大部分人都会同意，每位用户将会得到一笔不菲的补贴，所以 BranchOut 的总花费将是巨大的。

具有网络效应的行业往往拥有以下这些特征。

- **赢者通吃**。拥有强大网络效应的市场通常有一个临界点，即一旦一家公司获得了一定程度的领先地位，其他公司就会认输。参与挑战会带来巨大亏损，游戏只能就此结束。例如，即便是像谷歌这样实力和财力雄厚的公司，也无法凭借 Google+ 取代脸书。
- **网络边界**。尽管网络效应的壁垒很强大，它受制于网络自身的特征，这一点在脸书和领英的持续共存中得到了很好的验证。脸书本身拥有强大的网络效应，但这种网络效应关系到个人而非工作方面的互动，网络效应的边界决定了该业务的边界。
- **决定性的早期产品**。由于网络临界点的特征，企业早期的相对规模是发展战略力量的关键。谁在早期把产品做对，谁就可以以最快的速度增长。脸书击败聚友网（MySpace）就是一个很好的案例。

我可以根据网络效应的收益和壁垒将其纳入"7种战略力量图"（见图2-2）。

7种战略力量			壁垒（对竞争对手）	
			不愿竞争	不能竞争
			不确定性	
			获取市场份额成本/收益	
收益（对战略力量持有者）	Δ成本	投入		
		产品或渠道规模	规模经济	
	Δ价值（⇒P↑）			
		其他用户带来的收益	网络效应	

图2-2 7种战略力量中的网络效应

网络效应定义：

现有客户的价值随着新客户的增加而增加。

网络效应：产业经济和竞争地位

战略力量确保企业在未来很长一段时间内获得超高回报，从而提升企业价值。这一点可以体现在收益和壁垒上。和第一章一样，我将会用 SLM 来分析战略力量的强度："在市场定价使得没有战略力量的公司无利可图时，是什么因素决定了拥有战略力量的公司的盈利能力？"

在对网络效应的探讨中，我假设所有成本都是可变的（c），所以当市场价格等于这些可变成本时，挑战者的利润为零。由于领先企业提供的网络效应具有差异化收益，因此对客户的价值更大。由此，我认为领先企业可以提升定价。

$$SLM^{24}=1-1/[1+\delta(_SN-_WN)]$$

在以上公式中，

$\delta \equiv$ 一位新加入用户为每位现有用户带来的收益除以单位用户或产品的可变成本

$_SN \equiv$ 领先企业的用户规模

$_wN \equiv$ 跟随企业的用户规模

δ 是衡量网络效应强度的一个指标,即网络效应相对于行业成本的重要性。当然,这个公式是固定简化版的。回到现实,例如在 BranchOut、领英和脸书所面临的市场中,其他用户带来的网络效应价值更为复杂,这种价值不一定是线性的。如果你是使用脸书的一名美国大学生,一位来自乌兰巴托的用户对你的价值可能远不如你的一个同学。

马里尼和他的投资者当时一定希望 BranchOut 的 δ 可以受到脸书庞大的用户规模的驱动,而不是局限于 BranchOut 相对更小的"职业招聘"的用户规模。但遗憾的是脸书的用户很少迁移到 BranchOut。这意味着领英用户群中的网络效应拥有不可逾越的优势。

$[_sN-_wN]$ 代表领先企业在用户规模上的绝对优势。正如你所料,随着这一比率接近零,即使该行业拥有强大的网络效应,SLM 也会接近于零。这个公式也说明了网络效应的临界点。随着用户基数的差额增大,市场定价使跟随者利润为零,而领先者会获得极高的利润率(上限为 100%)。这意味着一位领先者的定价可以保证极高的利润,且仍然远低于跟随者的盈亏平衡点。其结果是跟随者在向客户提供同等价值的产品时,不得不以巨大损失为代价进行定价。正如我之前所提,如果 BranchOut 需要向用户提供补贴(负价格),才能让他们从领英切换过去,我并不会感到惊讶。

和之前一样，我在这里也从不同层面来分析战略力量的强度：其一反映了行业经济特征（δ，即网络效应在某行业中的强弱程度），其二表示企业在该行业的竞争地位（$[_sN-_wN]$）。正如第一章所指出的，这两个概念需要单独来理解（见图 2-3）。

	产业经济	竞争地位
规模经济	规模经济强度	相对规模
网络效应	网络效应强度	用户规模的绝对差

图 2-3　战略力量强度的决定因素

网络效应中 SLM 的推导

在分析战略力量的强度时,我会提出此问:"在市场定价使得没有战略力量的公司(W)无利可图时,是什么因素决定了拥有战略力量的公司(S)的盈利能力?"

$$\text{网络大小(用户数量)} \equiv N = {}_sN + {}_wN$$

其中 S 是较强的公司,W 是较弱的公司。

为简单起见,假设网络效应是无差别的,那么 S 就可以收取溢价:

${}_sP - {}_wP = \delta [{}_sN - {}_wN]$,其中 $\delta \equiv$ 一个新用户给现有所有用户带来的边际收益

这里不存在规模经济,所以

$$\text{公司某阶段的利润} \equiv \pi = [P - c]Q$$

式中:

$P \equiv$ 价格

$c \equiv$ 单位可变成本

$Q \equiv$ 每个时间段所生产数量

评估领先者战略杠杆的指标即为 SLM:

在 P 设置为 $\exists_w \pi = 0$ 的情况下,是什么决定了 S 的利润?

$_w\pi = 0 \Rightarrow 0 = (P-c)_wQ \Rightarrow {}_wP = c$

S 可以收取溢价，所以 $_sP = \delta[_sN - {}_wN] + c$

$\therefore {}_s\pi = [(\delta[_sN - {}_wN] + c) - c]_sQ$

$_s\pi = [\delta(_sN - {}_wN)]_sQ$

$SLM \equiv {}_s利润率 = [\delta(_sN - {}_wN)]/[\delta[_sN - {}_wN] + c]$

$_s利润率 = [\delta(_sN - {}_wN)]/[\delta[_sN - {}_wN] + 1]]$

$$SLM = 1 - 1/[(\delta/c)(_sN - {}_wN) + 1]$$

竞争地位：$[_sN - {}_wN]$——用户基数的绝对差

产业经济：δ/c——随着每位新用户的单位消费变动成本增加而带来的价值增加

如果 $_sN = {}_wN$，$SLM = 0$；其中 $_sN \gg {}_wN$，$SLM \to 100\%$ 且 $\delta > 0$

以下是对网络效应的一些补充。

- 一家企业可能有正向的网络效应，但没有战略力量的潜力。
  - 作为保证一家企业盈利的前提，相对于潜在的用户基数和成本结构，网络效应 δ 需要足够大。如果无差别的网络效应是企业的唯一价值来源，那么当 $N\delta < c$ 时，企业无法盈利。
  - 这是我在硅谷时常发现的问题。如果一家公司对于网络效应有预期，那么战略上的当务之急就是比任何竞争对手都迅速扩大规模——如果另一家公司在它之前到达临界点，那么游戏就结束了。

- 然而，企业通常很难事先预测潜在的 N 和 δ，这就导致企业有时需要大量的前期资金，却不确定是否盈利。推特就受这种困扰。通常管理层会受到指责，但这时我们回到巴菲特的观点："当一位名声显赫的经理去管理一家声誉很差的公司时，这家公司的声誉不会有任何改善。"[25]

- 网络效应可能非常复杂。然而，正如我之前所提，由于好的对策很多，所以我的介绍相对精简。我尚未提到的一个常见现象是间接网络效应（需求侧网络效应）。

  - 如果一家企业有很重要的互补者，而且互补者彼此之间提供的服务是完全独立的，那么领先者会吸引更多更好的互补者加入网络。
  - 因此，企业对客户的整个价值主张得到了改善（如 SLM 会相应增加）。
  - 智能手机应用程序（互补者）就是一个好例子。新的手机操作系统很难吸引用户，因为它一开始会缺乏应用程序。应用程序开发者没有动力在新的系统中投入他们稀有的资源，因为该市场将会很小。
  - 注意：在这种情况下，每增加一个互补者的贡献对网络价值的创造并不是线性的。

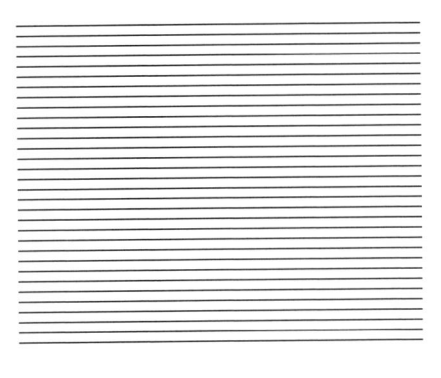

第三章

反 定 位

反定位是指当新进入者采用一种更优秀的新商业模式时,在位者放弃通过模仿阻击新进入者。从诺基亚到柯达,无数案例说明,"尾大不掉"的行业霸主不敢轻易创新商业模式。这就为新入局者提供了战略创新的先机。

本章介绍下一种战略力量，即反定位。我提出这个概念是为了描述我作为企业战略顾问和股票投资者经常观察到的一种人们普遍不太了解的动态竞争博弈。我必须承认这是我最喜爱的战略力量，既因为我发明了它，也因为它是如此一反常规。正如我们将看到的，它可以击败用传统竞争实力标准衡量看似无懈可击的市场在位者。

我首先介绍的案例就是这样一场较量，即先锋领航集团（Vanguard）对主动型基金的挑战。如今人人都知道先锋领航是低成本被动型指数基金的代表。通过这些基金，它已成为全球最大的基金管理公司之一。但其创始人约翰·博格尔在先锋领航创立之初面对的是一个完全不同的情况，当时主动型基金占据了主导地位。故事是这样的：

1975年5月1日，约翰·博格尔成功说服了原本不情愿的惠灵顿管理（Wellington Management）董事会支持先锋领航。先锋领航掀起了全新的变革：这家新的投资管理公司将推出一只仅跟踪市场的共同基金，不做任何主动管理。不仅如此，基金的运营成本由基金运营团队承担，所有回报返给基民。第二年，先锋领航迎来了第三项创新，使其基金成为没有销售提成的免佣基金。

在市场的鼎盛时期，真正的创新是具有挑战性的。先锋领航也不例外，它的商业模式孕育期并不充分，诞生时也伴随着痛苦。博格尔把其根源追溯到他在普林斯顿大学的毕业论文。这篇论文写于25年前的1950年。当富国银行在1969年率先推出指数基金时，博格尔就开始关注该领域。他还从基础学术研究中获得了灵感，尤其是1974年诺贝尔经济学奖得主保罗·萨缪尔森在《投资组合管理杂志》上发表的影响深远的文章。萨缪尔森在论文中设想了一种基金，使投资者可以仅跟踪市场股票大盘指数。

博格尔吸引了著名的承销商，在1976年8月推出了先锋领航创建的被动型基金。该基金只获得了1100万美元的投资，其市场反应可以委婉地用"冷淡"来形容。虽然该基金成立后不久就在《新闻周刊》中得到了萨缪尔森的赞扬，但收效甚微，到1977年年中仅筹得1700万美元。先锋领航的运营模式依赖于其他基金公司进行分销。由于先锋领航的产品不能帮助客户选择主动型基金，所以先锋领航的基金经纪人兴趣索然。

在投资行业中逆自身利益而行实属大胆之举，但博格尔对他的新商业模式志坚不移，毅然继续充满活力地指挥着这场战斗。当然，先锋领航在产品设计上有一项重大优势：基于主动型基金的铁律，其平均总收益等于市场收益，但由于其管理费用远高于被动型基金，其投资人的平均净收益将始终低于被动型基金。与此相辅相成的是，主动型基金的回报率缺乏显著的连贯性，今年的赢家在明年几乎没有优势。如图3-1所示，主动型基金平均而言注定会失败。

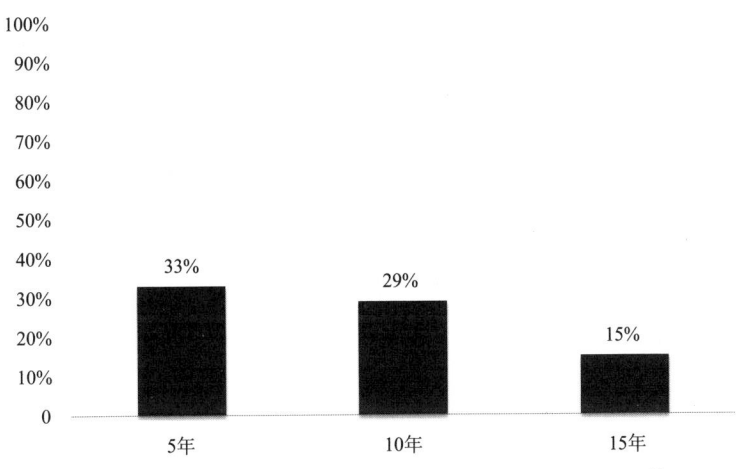

图3-1　高于美国股市平均收益的主动管理型基金数量分布[26]

先锋领航基金的启动投资金额并不理想，随之而来的是资产规模的小幅增长。如图3-2所示，先锋领航从与埃克塞特公司（Exeter）的合并中受益，并一点点实现了可观的规模。先锋领航用了超过10年才开始全速增长。一旦它真正起飞，其上升曲线令人震惊，到2015年底它所管理的资产超过3万亿美元。

第三章　反定位

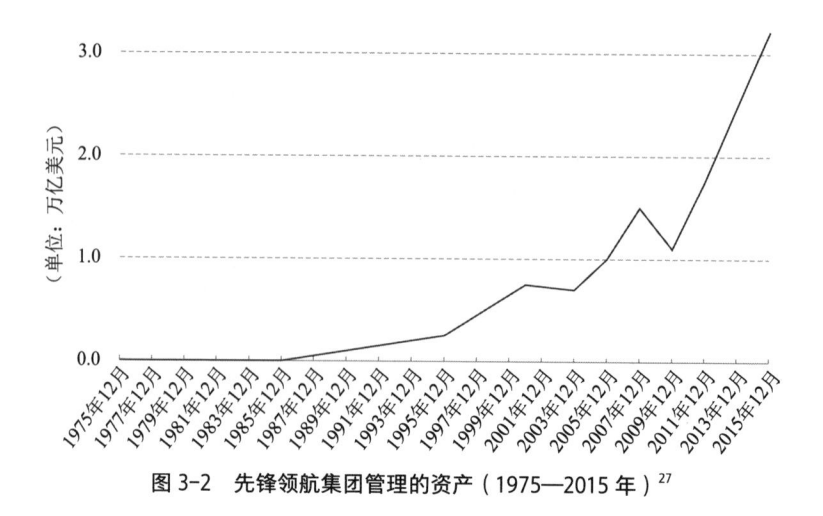

图 3-2　先锋领航集团管理的资产（1975—2015 年）[27]

此外，交易型开放式指数基金（ETF）的出现也助长了这一趋势。ETF 时常模仿先锋领航首创的低成本、被动型基金。起初的涓涓细流现在已经变成了一股洪流。如图 3-3 所示，在 2007—2013 年的 7 年间，主动管理型共同基金损失了 6000 亿美元，而 ETF 和被动型共同基金增加了逾 7000 亿美元。

反定位：收益和壁垒

在商业中，很少有事物像新商业模式的出现和最终的成功那样复杂。想想先锋领航崛起时面临的各种情况：规模庞大且成功的主动型基金、信念坚定的创新型企业家、不断进步的前沿知识、快速发展的计算机技术、根深蒂固的渠道限制、消费者的错误信息等。

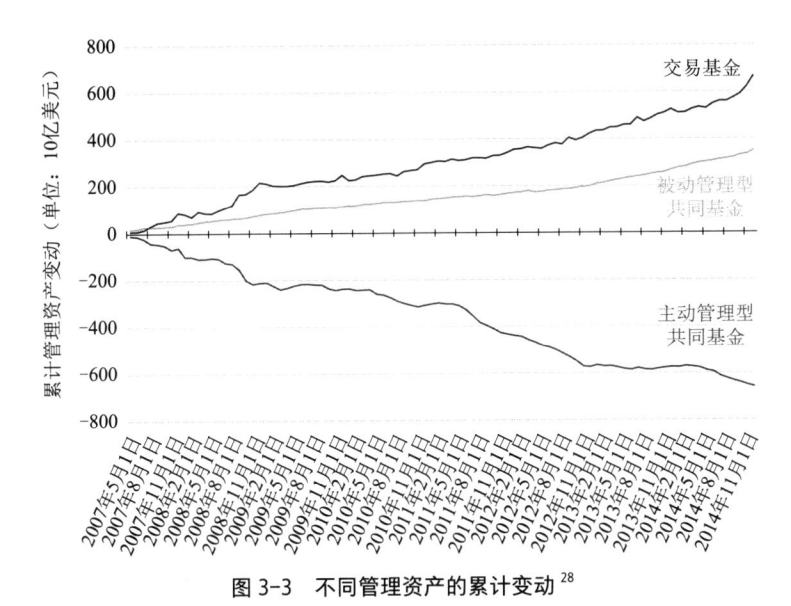

```
800
600                                                           交易基金
400
200                                              被动管理型
  0                                                共同基金
-200
-400
-600                                             主动管理型
-800                                              共同基金
```
累计管理资产变动（单位：10亿美元）

2007年5月1日 ... 2014年11月1日

图3-3　不同管理资产的累计变动[28]

在这种情况下，企业家战略创新需要小心翼翼地揭开事物复杂的层层面纱，并在竞争的现实中抓住一些关键点。

要了解先锋领航的优势，我需要先指出以下这些特点：

1. 创业公司的商业模式打破传统且更胜一筹。
2. 该商业模式可以成功地挑战市场地位已根深蒂固的在位企业。
3. 稳定积累客户，且在位企业似乎对此无能为力。

这些元素并非先锋领航独有，它们在商界很普遍，例如戴尔对抗康柏电脑，苹果对抗诺基亚，亚马逊对抗博德斯（Borders），In-N-Out对抗麦当劳，嘉信理财对抗美林证券，网飞对抗百视达，等。这些故事的结果几乎相同：在位企业要么无动于衷，要么回应得过晚。

当然，这些胜利不是偶然产生的，而是具有战略意义。新进入企业通常能成功地为自己创造大量价值，同时严重削弱在位企业的价值。

回到战略力量的收益和壁垒的特点。

- **收益：** 新进入者的商业模式优于在位者的商业模式，因为其成本更低或者可以收取更高的费用。以先锋领航为例，它的商业模式大大降低了成本（去掉了昂贵的资金经理并降低了渠道成本和不必要的交易成本）并转化为更高的平均净收益。由于先锋领航创造的利润为基金的投资人所分享，它可以从市场份额增长中获取价值（战略基本公式中的 $\bar{s}$），而不是产品提升差异化利润率（$\bar{m}$）。

- **壁垒：** 反定位的壁垒看似有些神秘。一家实力强大的企业［例如该案例中的富达投资（Fidelity Investments）］怎能在如此长的时间内允许自己被一家新进入企业蚕食呢？难道它不能预测到先锋领航的商业模式可能成功吗？在这种情况下，肤浅的旁观者通常会指责在位企业缺乏远见，甚至只是管理不善。他们也常常指责那些曾拥有傲人商业洞察力而备受称赞的在位企业。在许多情况下，这种观点是不公正且具有误导性的。在位者对挑战者的不回应往往是深思熟虑的结果。在观察新进入者的商业模式后,在位者会自问:"我是应该坚持原有的模式,还是采用新模式?"反定位适用于:如果在位者也采用挑战者的新商业模式,其现有业务业绩将会下滑,这种预期损害导致在位者对挑战者的新商业模式只能回答"不做改变"。简单来说,这里的壁垒就是如果在位者也采用挑战者的新商业模式所带来的连带损害。在先锋领航的案例中,富达在考虑其对基金公司而言高回报的主动型基金后得出的结论是:新的被动型基金对基金公司回报较低,如果富达也做被动型基金,其增加的被动型基金的收益很可能无法抵销由于客户从其旗舰主动型基金转移到被动型基金所造成的主动型基金投资减少的损失。

有了这个初步理解,我可以把反定位纳入"7种战略力量图"(见图3-4)。

反定位的定义如下:

> 当新进入者采用一种更优秀的新商业模式进入市场时,在位者放弃通过模仿阻击新进入者。因为在位者预计一旦模仿新进入者的商业模式,其现有业务将会被损害。

7 个战略力量			壁垒（对竞争对手）	
			不愿竞争	不能竞争
			不确定性	
			获取市场份额成本/收益	
收益（对战略力量持有者）	Δ成本	投入	规模经济	
		产品或渠道规模		
		产品或渠道模式	反定位	
	Δ价值 (⇒P↑)	更优秀的产品或服务		
		其他用户带来的收益	网络效应	

图 3-4　7 种战略力量中的反定位

各式各样的连带损害

在位者未能模仿新进入者的新商业模式可能有若干个原因。在本节中，我将详细说明这些原因背后的逻辑，以阐明企业正确的战略行动背后的决策过程。有一种方法可以形象地解释这些决策逻辑，即想象在位企业 CEO 的业务开发团队必须评估挑战者的新商业模式在本企业实施的可行性。

挑战者的新商业模式对在位者若没有吸引力就不是反定位。如果在位者业务开发团队在单独评估挑战者商业模式时预测到较低的回报，他们会在第一步放弃研究该模式，因为它不是反定位。为此，团队会提出这个问题：

```
       ┌─────────────────┐
       │ 挑战者的新商业模式 │
       │  对在位企业是否  │
       │    有吸引力？    │
       └─────────────────┘
         否           是
        ↙             ↘
```

如果答案是"否"，那么在位者拒绝挑战者的新模式并不是因为连带损害。新模式本身就是一个糟糕的赌注。

这里，数码相机挑战柯达的例子很有启发意义。柯达的商业模式很传奇，建立在客户持续购买胶卷的需求上。柯达凭借规模经济和专有优势（这种战略力量类型叫作关键资源，我会在第六章涉及）从胶卷中获得了巨大的利润。从柯达在1900年推出第一款具有开创性的布朗尼相机到1930年，柯达已成为道琼斯工业指数的成分股公司之一，并在这个行列中稳居40多年，成为一个伟大的商业帝国。

但是数码摄影技术的出现改变了一切。任何人都可以从摩尔定律推断依据化学成像技术的胶卷最终注定要失败。专家们回顾过去，指责柯达公司管理不善、缺乏远见又存在惰性。一个理智的人可能会提出此问："一家在世界上最优秀公司名单上名列前茅的公司怎么会甘拜下风？"

这是一个合理的问题。其实答案比许多人认为的要简单得多：事实上，柯达充分意识到自己最终的命运，并花费巨资探索生存选择，但数码成像技术对它来说并不是一个有吸引力的商业机会。柯达的商业模式建立于它在胶片上的战略力量，它并不是一家相机公司。数码胶片的替代品是半导体存储，而柯达在该领域没有任何优势。作为一家公司，柯达的管理很优秀，而它在数字世界的徒劳探索仅反映了它面临的战略死胡同。前沿技术发生了变化，对消费者有益，对柯达却有损。

广义上讲，这种情况可以由三个条件来描述：

1. 一种更优越的新模式（降低成本或改进功能）。

2. 新模式生产的产品对旧模式的产品具有很高的可替代性。在该案例中，随着半导体拓扑结构的缩小，数字成像将完全取代化学成像。

3. 在位者在这项新业务中几乎没有战略力量的前景，因为该行业的经济特征不支持战略力量的形成（大宗产品），或者在位者的竞争地位使其无法获取战略力量。柯达强大的实力与半导体存储器无关，而这些新产品也不可避免地走上了无差异的商品化的道路。

这样的更新换代是相当普遍的。与此同时，人们对在位者管理失败的指责也很常见，而且往往是不公的。熊彼特用著名的"毁灭之风"一词形容这类情况。

但这不是反定位。柯达未能回应数码摄影的挑战与其胶片业务的连带损害无关。相反，它只是表明数码摄影作为一项独立的业务无法为柯达提供哪怕是最微弱的战略力量前景。

面对这种情况，我们假设在位企业的 CEO 会拒绝对于新商业模式的任何投资承诺，而其思维图如下所示。

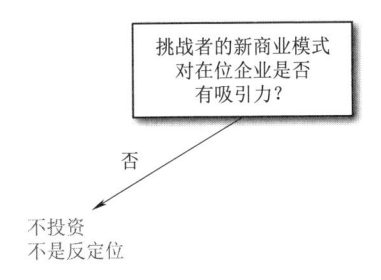

```
    ┌─────────────────┐
    │ 挑战者的新商业模式 │
    │ 对在位企业是否    │
    │ 有吸引力？       │
    └─────────────────┘
             │
             │ 否
             ▼
       不投资
       不是反定位
```

在讨论连带损害对在位者不采用挑战者新商业模式的决策起决定性作用的情况之前，我想谈谈另一个常见的问题。柯达本可以很容易地接受其业务是图像存储,而不是胶片,从而避免"营销短视"。[29] 不幸的是,这种对业务的更广泛的定义将是徒劳的,因为柯达仍然缺乏半导体方面的能力,如果进入数字成像技术领域注定会失败。

1. 现金奶牛:负净现值。 假设新的商业模式不像数字存储对于柯达那样遥不可及,而是单独来看很有前景。在这种情况下,我们假设中的 CEO 将面临另外一系列问题。

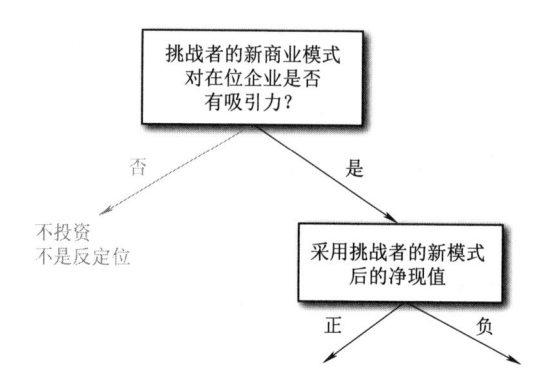

```
        ┌─────────────────┐
        │ 挑战者的新商业模式 │
        │  对在位企业是否   │
        │    有吸引力?    │
        └─────────────────┘
           否 ↙       ↘ 是
                    ┌─────────────────┐
    不投资           │ 采用挑战者的新模式 │
    不是反定位        │     后的净现值    │
                    └─────────────────┘
                       正 ↙    ↘ 负
```

这就是富达 CEO 内德·约翰逊在被动型基金开始出现时面临的情况。与柯达的案例不同,富达拥有开发和分销被动型基金的所有能力。它是一家强大的共同基金公司,甚至可以说它在该领域的实力比挑战者先锋领航更胜一筹。

然而,引进被动型基金会对富达原有的主动型基金业务造成不良影响。主动型基金的费用高得多,许多基金甚至有预付销售佣金。

考虑到可能损失的主动型基金，富达如果进入被动型基金领域，其总收入下降将是巨大的。此外，富达的许多人员认为他们正面临生存威胁，而引入被动型基金将使他们偏离一直以来倡导主动型基金的价值主张。他们合理地假设，这些新基金可能获得的任何收益都将被主动型基金业务的亏损抵销。

在类似的假设下，一位理性的在位企业 CEO 会决定避开这种新模式。这种"不投资"的决定代表了反定位的一种类型。我用的术语是"现金奶牛"，因为该 CEO 本质上是选择在一个衰落的原始业务中榨取现金，尽管新模式很有吸引力。

明确地说，虽然选择投资新模式可能会抵销一部分挑战者对在位者业务的损害（连带损害），但不投资仍有一定好处。这就是反定位的壁垒。

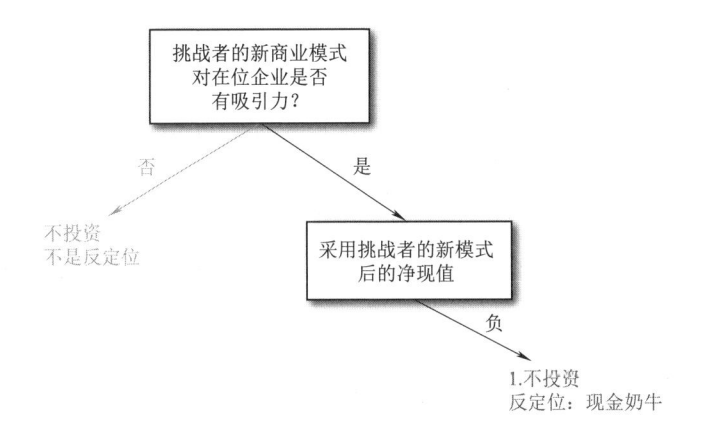

```
        挑战者的新商业模式
        对在位企业是否
        有吸引力？
       否/        \是
  不投资          采用挑战者的新模式
  不是反定位       后的净现值
                     |负
                  1.不投资
                  反定位：现金奶牛
```

反定位有一个动态特征：现金奶牛具有现实意义，尤其对挑战者来说。随着挑战者蚕食在位者的客户，有两个因素导致在位者对挑战者新模式的排斥减弱：一是在位者的原始业务萎缩，二是挑战者的新模式的不确定性减少了。随着这种情况的发生，在位者会重新评估新模式的风险，预期的连带损害也会下降。在某一时刻，我们假设中的一位理性的在位企业 CEO 会发现新模式的连带损害可以被部分抵消，这意味着在位企业可以投资新模式。这时在位者延迟一段时间后仍决定采用新模式的情况经常发生。有些人可能将其描述为在位者的拖延，但这其实是一种理性的做法。

2. 历史的奴隶：认知偏见。 假设一位企业外部的分析师客观地研究了在位者采用挑战者新模式的可行性，发现此途径可以增加净现值。这肯定值得在位者投资新模式？其实不尽然。连带损害不止一种。企业 CEO 们的观点可能和外部分析师并不一致，并且他们如果能预测到日后采用新商业模式后的净现值会递减，CEO 们在深思熟虑后可能还会放弃投资。

我们的下一个目标便是研究造成这种观点不一致的原因。

造成净现值递减的潜在原因是什么？其中的原因可能数不胜数，但凭借几十年企业战略咨询工作的经验，我注意到两个常见的原因。

第一个原因涉及在位者面临的两种挑战。

1.挑战者的模式很新颖，而且一开始还未经证实。因此，它笼罩在不确定性之中，尤其是在外人来看。这种雾里看花的低识别度只会加剧这种不确定性。

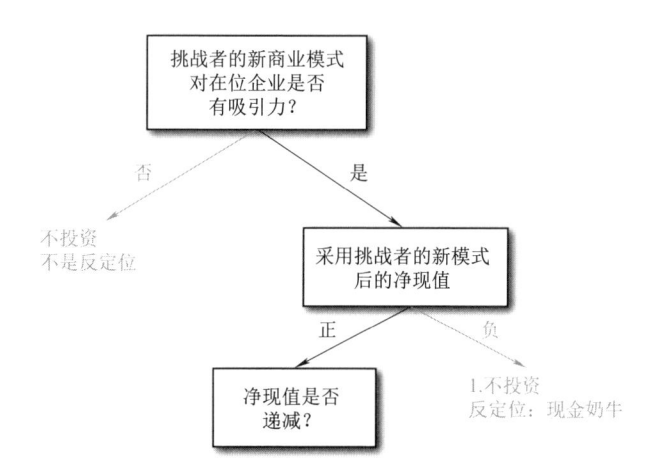

```
        ┌─────────────┐
        │ 挑战者的新商业模式 │
        │  对在位企业是否   │
        │   有吸引力？    │
        └─────────────┘
         否 ↙        ↘ 是
    不投资          ┌─────────────┐
    不是反定位       │ 采用挑战者的新模式 │
                   │    后的净现值    │
                   └─────────────┘
                     正 ↙    ↘ 负
              ┌─────────┐   1.不投资
              │ 净现值是否 │   反定位：现金奶牛
              │   递减？  │
              └─────────┘
```

2. 在位者已经有一个成功的商业模式。正如尼尔森和温特[30]的"惯例"概念所暗示的那样，这种传统影响深远且根深蒂固，足以形成某种世界观。CEO难免会通过这种视角看待问题，至少在一定程度上是这样。

这两点加在一起常导致在位者一开始就轻视新模式，严重低估了它的潜力。面对低成本的被动型基金，富达CEO内德·约翰逊曾提出过一个著名的问题："为什么有人会满足于平均回报？"这种消极的认知偏差会导致CEO决定不投资新模式，即使一个客观的观察者可能判断这种投资会引向正面结果。这里我们可以总结出第二种反定位。

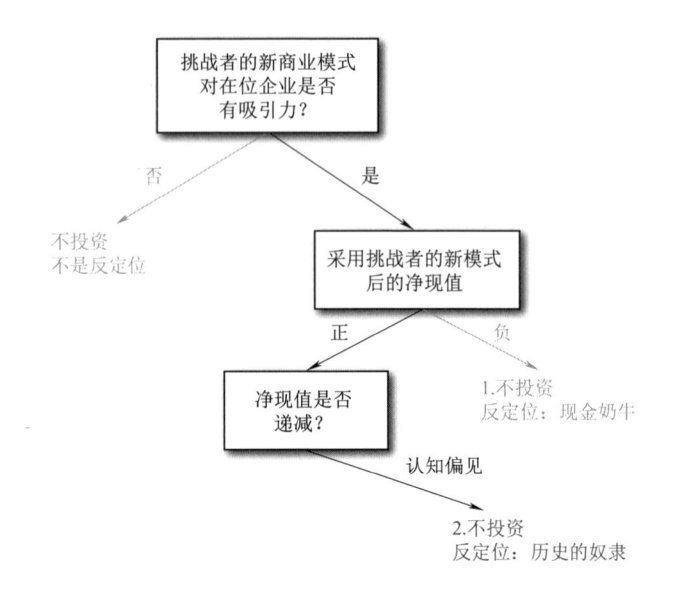

```
           ┌──────────────┐
           │挑战者的新商业模式│
           │对在位企业是否  │
           │有吸引力?     │
           └──────────────┘
            否 ↙      ↘ 是
                   ┌──────────────┐
   不投资          │采用挑战者的新模式│
   不是反定位      │后的净现值     │
                   └──────────────┘
                     正 ↙    ↘ 负
              ┌──────────┐   1.不投资
              │净现值是否│   反定位:现金奶牛
              │递减?    │
              └──────────┘
                  认知偏见
                  
                  2.不投资
                  反定位:历史的奴隶
```

3. 保住工作：委托代理模式问题。 还有第二个造成净现值递减的来源可以导致 CEO 拒绝一个客观来讲有吸引力的投资决策，即公司的目标（价值最大化）与 CEO 或其他投资决策者的目标之间的差异。经济学家把这种情况称为"委托代理模式问题"，因为代理人的行为与他所代表的组织股东是不一致的。

通常，这与 CEO 的薪酬激励机制相关。例如，要按照企业的长期价值为一位 CEO 制定薪酬激励是极其困难的。要想应对反定位竞争对手的威胁，企业往往需要通过多种方式颠覆现有业务。即使企业有最佳的管理层长期激励计划，这种企业商业模式变化所带来的动荡对企业长期价值和管理层薪酬激励的影响也很少有同步的。

这样，我们就完成了对反定位带来的连带损害的解析。

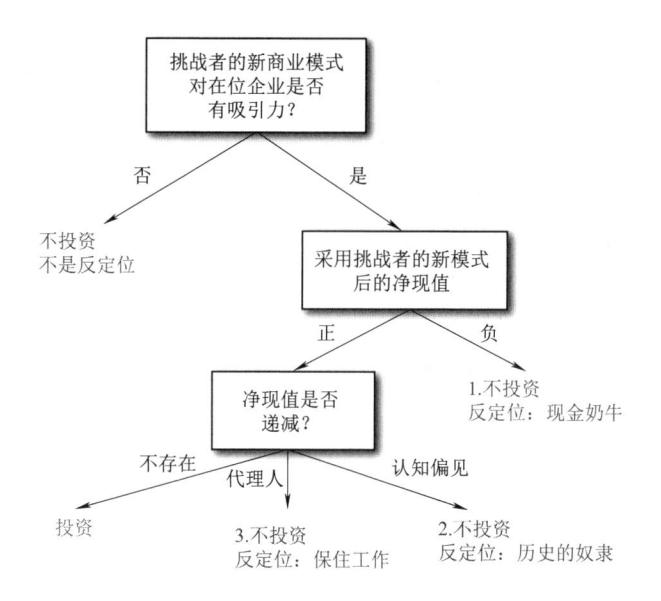

```
           挑战者的新商业模式
           对在位企业是否
             有吸引力？
         否  /        \  是
           /            \
      不投资         采用挑战者的新模式
     不是反定位          后的净现值
                      正 /     \ 负
                       /         \
                 净现值是否      1.不投资
                   递减？       反定位：现金奶牛
          不存在  /   |   \ 认知偏见
                /   代理人   \
             投资   3.不投资   2.不投资
                  反定位：保住工作  反定位：历史的奴隶
```

正如上图所示，反定位可以根据不同的连带损害分为三种："现金奶牛"、"历史的奴隶"和"保住工作"。我有必要指出委托代理问题和认知偏差问题并不相互对立。它们经常同时出现，因为它们常与颠覆一项原有成熟业务带来的动荡挂钩。

为了完善对于反定位的探讨，我将在本章中再涉及三个方面：反定位与众所周知的颠覆性技术概念的区别，人们对反定位的一些普遍观点，以及一些简单的理论模型的数学推导。

反定位与颠覆性技术

我受益于克莱顿·克里斯坦森的学术研究，以及他对技术变革的深刻洞察。他的作品在商界是如此知名，以至于我觉得有必要将我对反定位的观点与他的颠覆性技术概念进行对比分析。

反定位的核心在于发展一种新的商业模式。随着时间的推移，这种模式有可能取代旧模式。从更广义的角度说，它是破坏性的。然而，当考虑到克里斯坦森开创的颠覆性技术概念更具体的含义时，情况就复杂了。让我们来看下面这些例子。

- 柯达对抗数字成像。这是颠覆性技术，但不是反定位。
- In-N-Out 对抗麦当劳。这是反定位，但不是颠覆性技术（不存在新科技）。
- 网飞流媒体对抗 HBO 有线电视。这既是反定位，又是颠覆性技术。

从这些例子中可以看出，这两个概念根本不是同义词。换句话说，其中存在多种情况。更广义地说，所有战略力量涉及颠覆性技术时都存在多种情况。因为颠覆性技术没有传递有关战略力量的信息，它并不能说明企业价值。[31] 正因为如此，这个概念只是静态战略中的一项技术补充。

在本书后面的动态战略内容中，克里斯坦森的研究意义重大得多。在本书的第二部分，我们将了解到创新是战略力量的第一个成因。它不一定会引向战略力量，但它有时可以创造建立战略力量的条件。当然，颠覆是创新带来的结果之一。

有关反定位的观察

在结束本章之前，我想提供一些对企业战略制定者非常有用的关于反定位的观察。

- 正如序言中所提，战略力量必须是相对于每个竞争对手的，包括实际和间接的对手。这一点在反定位中尤为重要，因为这种类型的战略力量只与在位企业相关，而与同样使用新商业模式的其他公司无关。因此，这只是一种局部战略。为了确保企业可以创造价值，它必须辅之以和类似的竞争对手抗衡的战略力量。例如，In-N-Out 有可以和麦当劳对抗的反定位能力，但这丝毫不能帮助它面对诸如五人汉堡薯条（Five Guys Burgers and Fries）的竞争对手。
- 正如我们在讨论连带损害时所指出的，认知偏见可以起到阻止在位者的作用。但挑战者或许可以凭借其定位影响在位者。挑战者应该如何尝试呢？在其创新商业模式优势中，挑战者应该避免鼓吹其优势，而是抑制这种冲动，并对在位者持有一定尊重。这种行为可能会导致在位者延迟客观认知，让挑战者在新的商业模式上抢占先机。

- 反定位并不是一家企业独有的战略力量。前面两章讨论的战略力量是排他的，被一家企业独有，而反定位不是。这反映了我之前详细说明的企业战略杠杆计算公式中的"竞争地位"。对于这些战略力量类型，只有一家企业可以享有有利竞争地位。相比之下，现实中往往有很多挑战者同时采用反定位与在位者抗衡。

- 反定位挑战是对在位者的最艰巨的管理挑战之一。当我 2008 年开始在斯坦福大学教书时，诺基亚是智能手机领域的领先者。到 2014 年，它已经从这个市场中消失了。其 CEO 斯蒂芬·埃洛普在 2011 年的备忘录《燃烧的平台》中很好地描述了一位遭遇反定位挑战的在位者的巨大挫败感：

> 当竞争对手在我们的市场份额上火上浇油时，诺基亚发生了什么？我们落后了，我们错过了大趋势，也失去了时间。我们当时认为自己的决定是正确的，事后看来，我们发现自己已经落后多年。
>
> 第一款 iPhone 在 2007 年上市，但我们仍然没有一款产品能提供相似的体验。安卓仅诞生于两年前，而本周安卓手机取代了我们在智能手机销量上的领先地位，这简直难以置信。

- 尽管情况并非总是如此,我注意到在位者对于反定位挑战的反应大同小异。我有些幽默地将其称为"反定位的五个阶段":

  1. 否认
  2. 嘲讽
  3. 恐惧
  4. 愤怒
  5. 妥协(一般为时已晚)

  埃洛普的上述评论就反映了其情绪已到了"愤怒"阶段。

- 一旦市场份额侵蚀变得严重,被反定位挑战的在位者就会面临巨大压力,不得不采取措施。与此同时,它们在避免颠覆传统商业模式方面也同样面临沉重的压力。这种两难境地通常会引发什么结果?我们姑且称之为"试水":在位者以某种方式小试牛刀地尝试了一下新模式,但拒绝以实质性的投入应对挑战。

- 反定位往往伴随着以下这些同时发生的情况。
  - 对于挑战者
    - 快速增长的市场份额
    - 强大的盈利能力(或至少有这种前景)
  - 对于在位者
    - 市场份额减少

- 无力反击新进入者
- 管理层人士重组
- 通常为时已晚的妥协

挑战者的优势

拥有战略力量且市场地位根深蒂固的在位者是令人生畏的，这一点不言自明。除非在位者很长一段时间内都表现欠佳，否则挑战它通常会毫无意义且以失败告终。AMD 为摆脱英特尔的阴影而进行的漫长而无力的斗争就是一个很好的例子。

话虽如此，挑战者可以将在位者的优势转化为劣势，从而扭转竞争局面。想想拳王阿里用即兴的"倚绳战术"（Rope-A-Dope）击败了令人生畏的乔治·福尔曼。阿里利用了福尔曼直来直去的打法和高人一等的自信，诱使他不断消耗体力。

这种大逆转在商界很少见，因为商界的竞争通常会持续很长一段时间，而且各方都会做出周全的考虑。即使在位者有短暂的失误，也很难趁机而入。对于挑战者来说，唯一值得下的赌注是即使在位者发挥最佳水平，也可能败下阵来的新模式。一位合格的反定位挑战者必须利用在位者优势背后的劣势，因为正是这种优势背后的劣势促进了新模式的连带损害，即反定位的壁垒。

反定位杠杆

作为一种战略力量,反定位的竞争地位是新旧替换的,即采用非正统的商业模式。反定位的产业经济特征指的是新商业模式的核心特征:它必须优于在位者的商业模式,并且使其预测到可能的连带损害。

	产业经济	竞争地位
规模经济	规模经济强度	相对规模
网络效应	网络效应强度	用户规模的绝对差
反定位	更优的新商业模式+旧模式的连带损害	两面性:新进入者——新模式;在位者——旧模式

图 3-5　战略力量强度的决定因素

反定位中 SLM 的推导

在分析战略力量的强度时,我会提出此问:"在市场定价使得没有战略力量的公司(W)无利可图时,是什么因素决定了拥有战略力量的公司(S)的盈利能力?"在反定位中,W 是在位者,S 是挑战者。

这两种商业模式都是严格意义上的可变成本:

$$利润 \equiv \pi = (P-c)Q$$

式中:

$P \equiv$ 单位价格

$c \equiv$ 单位可变成本

$Q \equiv$ 单位销量

这里有两种商业模式:旧模式 $\equiv$ O,新模式 $\equiv$ N

N 为更优的商业模式 $\Rightarrow {}^Nc < {}^Oc$;新模式蚕食旧模式的客户,通过 ${}^NP < {}^OP$。

在位者面临是否采用新模式的选择。

SLM 是市场定价使得较弱的公司利润为零时,拥有战略力量的公司所能获得的利润。SLM 可以体现战略力量的强度,它（如果为正）为拥有战略力量的公司（S）提供了获取利润的机会或进一步巩固战略力量的地位。在网络经济和规模经济中，规模领先者为S，所以SLM表示领先者保护市场份额的回旋余地。在反定位中，S是挑战者，而巩固战略力量涉及减少在位者（W）采用新模式（N）与挑战者（S）竞争的可能性。这种挑战者的战略力量的加强会增加对在位者的连带损害。

反定位中的SLM，即当在位者（W）采用新模式（N）后增加的利润为零时，挑战者（S）可以获得的利润。

为了简单起见，我将把它看作一个单一阶段的问题来考虑，尽管企业在现实中可能会评估多个阶段的情况。

为使得连带损害抵销在位者（W）采用新模式（N）的收益：

注意，这里我将不再区分在位者（W）和挑战者（S），因为连带损害只针对在位者（W）的财务变化。

$SLM \Rightarrow {}^N\pi + \Delta^O\pi = 0$ 其中 $\Delta^O\pi$ 是在位者（W）在采用新模式（N）后旧业务（O）的利润变化

$CP \Rightarrow {}^N$利润率 $\times {}^N$收入 $+ {}^O$利润率 $\times \Delta^O$收入 $= 0$

${}^Nm \times [{}^NP \times {}^NQ] + {}^Om \times [{}^OP \times \Delta^OQ] = 0$ 其中 $Q \equiv$ 单位销量

$m \equiv$ 利润率

第三章　反定位

$$^Nm \times [^NP \times {}^NQ] = -^Om \times [^OP \times \Delta^OQ]$$

$$^Nm = {}^Om \times [^OP/^NP] \times [-\Delta^OQ/^NQ]$$

让 $\delta \equiv$ 在位者（W）采用新模式（N）后旧业务（O）的被蚕食率：$\delta = -\Delta^OQ/^NQ$

所以 $\boxed{SLM = {}^Om \times [^OP/^NP] \times \delta}$

所以 $SLM>0$，结合之前的 $^NP<{}^OP$ 以及 $^Nc<{}^Oc$ 两项条件表征了反定位中的现金奶牛案例。这里收益和壁垒都是显而易见的。

让我来评论一下其中的含义。

- 如果 $\Delta^OQ=0$，在位者（W）预期采用新模式（N）不会导致其基础业务（O）的额外销量损失。
  - 那么 $\delta=0$
  - 这会导致 $SLM=0$，因此反定位不成立。
  - 因为这里不存在连带损害。
  - 因此，一个普遍现象是受到反定位挑战的在位者会寻找一些客户细分市场，在这些市场中它们不会因为采用新模式（N）导致原有业务（O）客户的流失。
  - 例如《金融时报》在 2015 年 10 月 24 日发表的一篇文

章《华特迪士尼最受欢迎的角色和故事将在一项新流媒体服务中迎来数字化，该服务将于下月在英国推出》。

迪士尼视界（DisneyLife）将图书、音乐、动画和真人电影结合在一起，使得迪士尼成为迄今为止最大的媒体公司，其内容尚未直接在线面向消费者。

迪士尼表示明年将把这项服务推广至欧洲各地，包括法国、西班牙、意大利和德国，并在服务上线后增加内容。

迪士尼目前没有计划在其最大市场美国提供该服务，因为迪士尼与发行其电影和电视内容的有线及卫星电视公司之间签过很多协议，而流媒体服务可能与这些协议冲突。

- 如果 $\delta<1$（旧业务 O 的损失大于新模式 N 的单位收益）。
  - 反定位很难成立。对反定位来说，新模式（N）的利润率必须足够有吸引力，以抵销其较低价格和销量损失。
  - 因此，在位者需要预测到新模式（N）带来的销量增加大于该模式对于旧业务（O）销量的蚕食。
- 反定位的一个讽刺之处在于，在位者的利润率越高，挑战者的 SLM 就越高。当然，这仅仅反映了在位者的旧业务受到侵蚀，损失会更大。因此，反定位可以对地位稳固、非常成功的在位者构成强有力的挑战。

- 我们可以通过关注 SLM 公式中的元素来有效地探索在位者潜在的认知偏见（历史的奴隶）。在考虑是否采用新模式（N）时，在位者往往会表现出一种认知偏见，从而提高它们的预期 δ，导致 SLM 的增加。
  - 在位者对旧业务的销量变化（$\Delta^O Q$）比新模式下的销量（$^N Q$）更确定，所以它们经常低估 $^N Q$。例如，在位者（W）内部的某人如果希望采用新模式（N），通常会被告知不要抱太大期望。
  - 这就造成了在位者对反定位的认知偏差。
- 我们也可以通过 SLM 公式来观察在位者潜在的代理人问题（保住工作）。
  - 例 1：旧业务（O）的部门负责人是一位重要的决策影响者。
    - 旧业务（O）一直是公司的主要生计，所以这个人的话语很有分量。
    - 但是新业务（N）的业绩隶属于另一个部门。
    - 用本章的例子做一个很现实的假设：主动型基金经理不会从新成立的被动型基金资产中获得任

何功劳。
- 这种情况使得该个人或部门的新业务销量（$^N Q$）= 0，这意味着旧业务的被蚕食率（δ）= ∞，从而确保反定位成立。
  - 例 2: CEO 的薪酬激励一般与近期（例如本年）的业绩更相关。虽然本附录的公式针对一个单一阶段，但正确的企业内在价值的计算方法应该是针对多年的自由现金流折现之和，即净现值。正如我之前所提，公司未来几年的情况对估值的影响很大。但委托代理效应会降低公司未来年份对估值的重要性。正如我将在下文讨论的，随着时间的推移，连带损害往往会越来越少。
- 另一点值得注意的是反定位中的代理人问题和认知偏见与现金奶牛案例并不冲突。事实上，它们通常是叠加的，三者同时起作用。
- 动态影响
  - 随着时间的推移，在位者采用新模式后旧业务的被蚕食率（δ）趋于下降，从而降低了战略力量的强度（也许完全消除了反定位的作用）。
  - 原因是，随着新模式（N）逐渐蚕食旧模式（O），新

模式的销量（^NQ）趋于上升。这是因为随着新模式（N）被证实和为人所知，它的总体机会更大。而旧业务销量的变化（$|\Delta^OQ|$）趋于下降，因为在位者旧业务（O）的预期损失主要来自挑战者的入侵，而非采用新模式（N）所致。

- 随着对新模式（N）构成威胁的不确定因素的递减以及在位者旧模式代理人可信度和影响力逐渐下降，委托代理和认知扭曲所造成的连带损害会随着时间的推移越来越低。

- 由于在位者旧业务的被蚕食率（δ）趋于下降，挑战者的 SLM 也随之下降，其连带损害可能不足以阻止在位者（W）采用新模式（N）。这是本章中提到的妥协点。

• 我知道这些公式是高度程式化的。即便如此，企业未来利润的计算在理论上并不复杂，所以即使是这种程式化的表示，也能反映企业当前的大部分情况。

• 从战术上讲，挑战者（S）最好在开始阶段设定低价，使新模式下的利润（^Nm）远低于旧模式的利润（^Om）。

- 在位者（W）通常可以观察到新模式下的利润（^Nm）和定价（^NP），但无法获知采用新模式后旧业务的被蚕食率（δ）。

- 因此，如果（$^NP/^OP$）非常小，那么在位者（W）会对较低的被蚕食率（δ）持乐观态度，从而导致 $SLM>0$，反定位也就因此而生。

- 一个特殊情况是挑战者（S）先为新业务（N）制定很低的价格（^NP），以至于利润为负（$^Nm<0$）。这使得（$^Nm/^Om$）<0，并确保在此定价期间满足连带损害的条件。由于在位者可以观察到挑战者的定价（^NP）但不能察觉其动机，它很可能会低估挑战者最终提高定价使利润为正（$^Nm>0$）的可能性。而挑战者对这一点心知肚明，假设它是价格领导者。

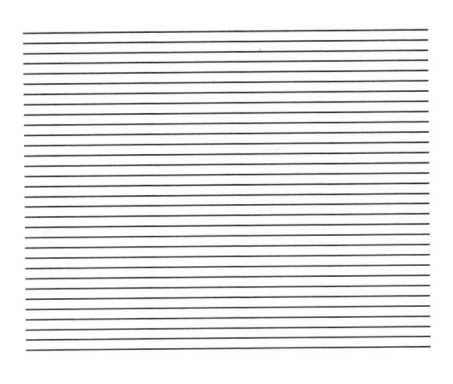

第四章

转换成本

转换成本是指客户因转向另一个供应商进行额外采购而导致的预期价值损失。提高客户留存率、拓展产品线、实施并购，让用户越来越难以承受放弃服务带来的资金、流程和关系损失，从而形成壁垒。

惠普的痛苦

思爱普（SAP）是全球领先的企业资源计划（ERP）软件供应商。用户依靠这个软件来收集和分析企业经营所需的数据：会计数据、销售跟踪、生产管理等。尽管 SAP 在 ERP 方面取得了成功，但它并不是令客户满意的典范。据 SAP 美国用户组 CEO 杰夫·斯科特所说："作为一个前 CIO（首席信息官），我从我的业务伙伴那里听到的最大和最一致的抱怨之一是 SAP 用户体验的复杂性和难度。"[32] 肯微科技（Compuware）对欧洲和美国的 588 名 SAP 客户进行的一项研究[33]发现，43% 的客户不满于 SAP 在所有组件上的响应时间。几乎所有客户都认为 SAP 的性能问题会导致财务风险，而 50% 的客户感觉无法预测 SAP 的性能。但另一项针对 1000 多名客户的调查[34]发现，89% 的客户计划在不久的将来继续支付 SAP 每年的会员费。为什么消费者会继续为他们如此不喜欢的产品付费呢？似乎"没有人会因为购买 IBM 而被解雇"这句古老格言已被"没有人会因为坚持使用 SAP 而被解雇"取代。

这个悖论的解释在于本章所涉及的战略力量类型，即转换成本。一个简单的例子就是苹果对 iTunes 用户的控制力。苹果软件有自己专门的下载格式，所以如果用户切换到另一个程序，他们就会失去之前购买的软件。这一点对客户有损，也就是为什么如此多的客户被锁定。

ERP 模型提供了一个更复杂、规模更大的案例。替换 ERP 的成本很高。一旦 ERP 被整合到企业的业务中，员工就需要花成本学习使用该系统，企业也需要与新的服务团队建立关系以解决问题，并在兼容软件上进行投资，以根据自身需求改制系统。一旦企业有这些投入，做出改变只会付出极高的代价：企业需要花时间和精力研究其他产品，购买 ERP 系统替代品和相关软件，传输数据，重新培训员工，建立新的关系，并承担转换系统的过渡期间服务中断和数据丢失的风险。

为了说明企业必须考虑的繁重的转换成本，我们可以回想惠普将其北美服务器销售部门（当时收入为 75 亿美元）迁移到 SAP 时发生了什么。该部门遵循了企业全范围运用 ERP 的指令，这意味着它别无选择，无论成本是多少，都必须承担。

克里斯蒂娜·汉格在 2004 年 5 月担任惠普公司美国地区高级副总裁。[35] 她已经是 SAP 系统迁移方面的老手了。在惠普收购康柏之后，她已经在惠普管理了 5 个 SAP 迁移项目，而这些经验帮助她进行预算：用 3 周的时间将遗留的订单录入系统并输入 SAP 系统，再加上 3 周的额外服务器存储。汉格还征用了位于奥马哈的惠普工厂的额外产能，以满足系统切换期间不可预期的生产需求。简而言之，她做好了充分准备。

然而，即使是这些精打细算的准备也不够。

从系统在 6 月初开始上线直到月底，多达 20% 的客户服务器订单在遗留订单输入系统和 SAP 系统的过渡期间停止。[36]

惠普不是唯一一家销售服务器的公司，客户可以很容易地转向戴尔或 IBM。因此，随着订单的积压，惠普开始损失客户。惠普 CEO 卡莉·菲奥莉娜在与分析师的电话会议中表示，这次混乱导致了 1.6 亿美元的财务损失。惠普的经历完美地证明了 ERP 迁移者可以预期的高转换成本（比软件本身要高得多）以及围绕这种迁移计划的令人生畏的不确定性。

SAP 的高留存率和低满意度的矛盾现象反映了一种经济现实，即一件软件产品对企业有很大价值，但同时伴随着高昂的转换成本。一旦客户购买了该产品，他们就不可避免地被锁定了，这使得 SAP 能够通过每年的会员费、系统升级、附加服务、软件和咨询获得未来收入。除此之外，像 SAP 这样从与客户的契约中获利的公司

第四章 转换成本　　　　　　　　　　　　　　　　75

完全有动力提高这些服务的价格。如图 4-1 所示，SAP 的股价持续攀升，证明了这种客户依赖性所致的商业模式的活力和持久性。[37]

图 4-1　SAP 股价 [38]

7 种战略力量中的转换成本

当消费者看重一段时间内在某一家公司所购买的多样产品或服务的兼容性时，转换成本会就此产生，这包括重复购买相同的产品或互补产品。[39]

- **收益**：一家对于现有客户具有转换成本效应的公司可以在同等产品或服务上比竞争对手收取更高的价格。[40] 这种收益只适用于战略力量持有者向现有客户销售后续产品。它不适用于潜在客户。如果公司没有后续产品，也不会获取这种收益。

- **壁垒**：为了提供同等的产品[41]，竞争对手必须针对转换成本对客户进行补偿。已锁定客户的公司可以相应调整价格，使其潜在竞争对手处于成本劣势，从而使这种挑战缺乏吸引力。因此，与规模经济和网络效应一样，转换成本的壁垒来自挑战者获取市场份额的高昂成本。

有了这种理解，我可以把转换成本纳入"7种战略力量图"（见图4-2）。

转换成本的定义：

> 客户因转向另一个供应商进行额外采购而导致的预期价值损失。

转换成本的分类

转换成本可以分为三大类。[42]

财务。财务类转换成本包括那些从一开始就可以明确用金钱衡量的成本。就 ERP 而言，这包括购买一个新的数据库及其补充应用程序的总价。

7 种战略力量			壁垒（对竞争对手）	
			不愿竞争	不能竞争
			不确定性	
			获取市场份额成本/收益	
收益（对战略力量持有者）	Δ成本	投入	规模经济	
		产品或渠道规模		
		产品或渠道模式	反定位	
	Δ价值（⇒P↑）	更优秀的产品或服务		
		客户喜好	转换成本	
		不确定性		
		其他用户带来的收益	网络效应	

图 4-2　7 种战略力量中的转换成本

流程。流程类转换成本有些模糊不清,但同样重要。它们源于失去对原有产品的熟悉感,或是采用新产品所带来的风险和不确定性。当员工投入了时间和精力去学习如何使用某产品后,在不同的系统中对他们再次进行培训可能会花费大量成本。在 SAP 的案例中,应用程序是为广泛的企业功能而存在的。这意味着企业中人力资源、销售和市场、采购、会计部门的员工和经理都学会了如何基于 SAP 系统及其辅助软件创建报告。在这种情况下,转换系统会迫使组织内部的许多人员改变他们的日常工作,从而引发不满。

此外,流程上的改变容易导致犯错。在涉及数据库的情况下,这类错误的代价非常高,因为它们关乎客户的全部信息。即使竞争对手提供服务来缓解这种转型的困难,现实也证明这些弥补方案既昂贵又不完善。

关系。关系类转换成本指通过使用产品及与其他用户和服务提供商互动而建立的情感纽带被打破而产生的成本。客户通常与供应商的销售和服务团队建立了密切且有益的关系。这种熟悉感、沟通的便利性和相互间的积极感受可能会导致客户不愿切断这些联系并转向另一家供应商。此外,如果客户已经对产品和自己的用户身份产生好感,或者如果他们享受一个用户社区中的同志情谊,他们可能不愿转换身份并放弃该用户社区。[43]

转换成本乘数

转换成本并非是由一家企业独享的战略力量，所有企业都可以享受其收益。IBM 和甲骨文是 SAP 的竞争对手，而它们同样受益于较高的客户留存率和转换成本效应。随着市场越来越成熟，所有参与者都可以清晰地察觉转换成本的收益，并计算获得客户的价值。这往往会导致企业为获取新客户而加剧竞争和套利，从而抵销获得新客户的收益。[44] 因此，企业要获取价值主要通过在这种破坏价值的定价套利发生之前抓住客户。

如果企业没有向客户销售额外的相关产品，转换成本不会带来任何收益。为了确保这种额外的销售，企业的一种策略是开发更多附加产品。从 SAP 在维基百科上的产品列表中可以看出，这一直是 SAP 的策略（见图 4-3）。[45]

企业并购也会显著拓展产品线，这是一种外包型的产品开发。这也是 SAP 战术的一部分，其充满野心的并购项目证明了这一点（见图 4-4）。[47]

建立这样的产品组合可以提高所有三类转换成本。它不仅提升了转换成本所带来的收入（财务类），还通过使客户越来越难以承受放弃自己产品的后果（流程类）而增加了转换成本的强度。产品与客户运营的高度整合以及使用产品所需的大量培训也会进一步阻止客户放弃该产品。这种培训也有可能使客户与当前的供应商建立情感纽带（关系类）。

SAP 高级计划优化器（APO）	SAP 人力资源管理系统（HRMS）
SAP 分析	SAP 人力资源管理解决方案（Success Factors）
SAP 高级业务应用程序（ABAP）	SAP 互联网交易服务器（ITS）
SAP 服装鞋业解决方案（AFS）	SAP 激励和佣金管理（ICM）
SAP 商业信息仓库（BW）	SAP 知识仓库（KW）
SAP 商务智能（BI）	SAP 制造
SAP 目录内容管理（CCM）	SAP 主数据管理（MDM）
SAP 融合计费（CC）	SAP 快速部署解决方案（RDS）
SAP 电子采购系统（EBP）	SAP 服务和资产管理
SAP 企业学习	SAP 移动商务解决方案
SAP 企业门户（EP）	SAP 解决方案绘制
SAP 交换基础架构（XI）[从版本 7.0 开始，SAP XI 已被重新命名为 SAP 流程集成（SAP PI）]	SAP 企业战略学（SEM） SAP 测试数据迁移服务器（TDMS）
SAP 扩展仓储管理（EWM）	SAP 培训和事件管理（TEM）
SAP 治理、风险与合规管理（GRC）	SAP NetWeaver 应用服务器（Web AS）
SAP 环境、健康与安全管理（EHSM） 企业核心组件（ECC）	SAP 跨越式应用（SAP x Apps） SAP 供应链绩效管理（SCPM）
SAP HANA（之前被称为高性能分析应用软件）	SAP 可持续发展绩效管理（SUPM）

图 4-3　SAP 产品列表[46]

第四章　转换成本

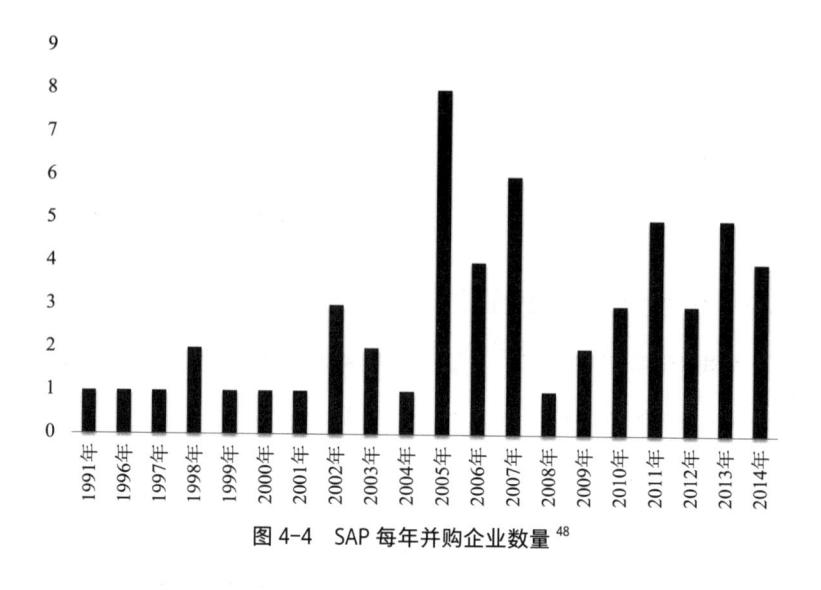

图 4-4 SAP 每年并购企业数量[48]

转换成本：产业经济和竞争地位

如前所述，转换成本不是由单一企业独享的战略力量，所有参与者都可以获取其收益。所以转换成本的强度源于所有参与者面临的"产业经济"。只有当你有客户时，才会产生潜在的收益，所以转换成本的竞争地位是二元对立的：你要么有客户，要么没有客户。

我有必要指出，这些优势可能会被技术的改革席卷。ERP 公司深知这一点，这就是为什么 SAP 和甲骨文竭尽全力确保它们不会被基于云的应用程序超越。

同样值得一提的是，转换成本也可以为其他战略力量铺平道路。在用户中建立连接并大量提供互补产品可能会产生网络效应。或者，如果用户的产品偏好已经被转换成本约束，从而影响更多潜在客户，那么企业可能会享受品牌效应。

	产业经济	竞争地位
规模经济	规模经济强度	相对规模
网络效应	网络效应强度	用户规模的绝对差
反定位	更优的新商业模式+旧模式的连带损害	两面性：新进入者——新模式；在位者——旧模式
转换成本	转换成本的大小（强度）	现有客户数量

图 4-5 战略力量强度的决定因素

转换成本 SLM

S 是较强的公司,而 W 是较弱的公司。这里"较弱的公司"指没有客户的公司。

$_sQ$ 消费者已经接受了 S 的产品。我会分析 S 因向 $_sQ$ 销售后续产品而获得的收益。

为简单起见,假设两家公司后续产品的效用相同。由于转换成本 Δ,S 可以收取溢价。

$$_sP = \Delta + {_wP}$$

同样为简单起见,假设生产产品没有固定成本。

$$利润 \equiv \pi = [P-c]Q$$

式中:

$P \equiv$ 价格

$c \equiv$ 单位可变成本

$Q \equiv$ 每个时间段所生产数量

评估领先者战略杠杆的指标:

在 P 设置为 $\exists_W \pi = 0$ 的情况下,是什么决定了 S 的利润?

$$_W\pi = 0 \Rightarrow \quad 0 = (_WP - c)_SQ \quad \Rightarrow {_WP} = c$$

Δ 是每个单位的转换成本

S 可以收取溢价,因此 $_SP = \Delta + c$

$$\therefore {_S\pi} = [(\Delta + c) - c]_SQ$$

$$_S\pi = \Delta {_SQ}$$

$$\boxed{SLM = \Delta}$$

产业经济: Δ

竞争地位: $_SQ$

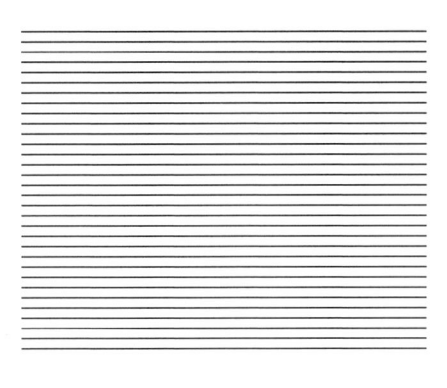

第 五 章

品 牌 效 应

品牌效应是指一件客观上与其他产品相同的商品,由于卖家的久远历史而具有的更高的价值。企业需要专注和勤奋来引导品牌的发展,并确保所创造的声誉与所产生的价值保持一致。

2005年,《早安美国》的工作人员在蒂芙尼以16600美元购买了一枚钻戒,并在开市客以6600美元购买了一枚同样大小和切割的钻戒。他们随后请知名宝石学家兼估价师马丁·富勒来评估这两枚戒指的价值。富勒评估开市客的戒指价值为8000美元外加镶嵌圈价格,比其售价高出2000多美元。他说道:"这有点令人惊讶。你通常不会认为在开市客这样普通的商店里能找到一颗好钻石……"[49]富勒估计那枚蒂芙尼戒指在一家非名牌零售店出售价格会是10500美元外加镶嵌圈价格。

这一结果并非特例。与更大众化的全球在线钻石和珠宝品牌Blue Nile的产品相比,蒂芙尼的价格几乎翻了一番。

在其他卖家提供确实相同的产品时,蒂芙尼是如何成功地收取溢价的?富勒这样描述该现象:

你得到的东西和它们所承诺的完全一样。任何和蒂芙尼一样已经建立起品牌和名声的公司都是通过多年的质量控制赢来今天的成果的。你可以不加考虑地选择它们的产品，并且愿意付费。

卖家和产品，1克拉	起价（美元）
蒂芙尼：蒂芙尼配置（I VS2）	12000
卡地亚：独立宝石1895（H VS2）	14800
戴比尔斯：Signature	12200
Blue Nile：经典六爪钻戒（I VS2）	6697

图5-1 订婚戒指价格比较

顾客的直接感受让这种倾向更加明显。例如，一位未婚夫在网上论坛发帖："一枚蒂芙尼订婚戒指值这个价吗？"

2009年3月12日20点43分

用户X
地址：美国加州恩斯尼塔斯

我买了蒂芙尼，知道自己被榨干了。但这不重要，我很高兴，并且愿意再买一次（事实上，我在几年后还把她的婚戒做了升级，在戒指环上添加了与之相配的钻石）。

我的首要目的是从最好的东西中买最好的，免去任何有关质量和认证的疑问。戒指的大小不重要，我想用无可争议的完美产品来匹配她。我们不爱炫耀，也从未对外强调过戒指是蒂芙尼的。对我来说，更好的选择是购买一颗大小合适的钻石，并确信这枚戒指是永不过时的。我不会买那些廉价的仿冒品或花哨的小玩意儿。

另一件需要留意的事是有一天（比如我去世后），我的一个孙子或孙女会继承这枚戒指。我想让这枚戒指瞬间成为"传家宝"。我的孙子或孙女会认为："哇，爷爷太酷了！"

用户X最后编辑时间：2009年3月12日20点46分

另一位用户在其他论坛上对类似问题的回应显示了客户由于对戒指来源的了解而赋予其的额外价值。

发表于2007年6月11日20点38分

用户X

几年前，我为了省钱和划算从一家据说有信誉的珠宝商那里买了一枚订婚戒指，结果得到了一个蹩脚货（这家珠宝店已经倒闭了）。现在我花了10倍多的钱去买一枚蒂芙尼的戒指。对我来说，花钱买安心是值得的，而我妻子脸上的表情是无价的。约翰多伊珠宝店（John Doe Jewelers）或开市客的钻石与蒂芙尼的钻石效果是不一样的。单是体验就足以让人觉得蒂芙尼的钻石物有所值。

蒂芙尼的地位或许令人羡慕，但它经过了一段漫长而艰难的旅程才取得今天的胜利。蒂芙尼成立于1837年，长期以来一直以高品质珠宝闻名。在1867年的巴黎世界博览会上，它首次因银制工艺获得奖项而得到世界认可，并继续在随后的世界博览会上获奖。1878年，蒂芙尼购买并切割了著名的蒂芙尼钻石。蒂芙尼在1886年推出了一款独特的订婚钻戒，由六个尖头组成，将钻石和戒指环分开，与当时常见的凹形底座镶嵌形成对比。这个品牌如今已经成为财富和奢侈的代名词。

在漫长的历史中，蒂芙尼一直在精心打造自己的形象。蒂芙尼的包装提供了一个著名的案例。蒂芙尼的网站这样宣传其标志性的"蓝盒子"所传达的信息：

无论是在繁忙的街道上瞥见，还是捧在手心，蒂芙尼的蓝盒子都能使人心跳加快，并体现了蒂芙尼优雅、独特和完美工艺的优良传承。[50]

这种措辞绝非随意。

- "传承"代表坚持做同一件事的长久而积极的历史（这里指创造优雅、独特和完美的珠宝）。
- "优雅"指消费者可以持续期待的一种特定的美学设计，尽管首席设计师和产品系列不断变化。
- "独特"暗示蒂芙尼的产品只留给那些愿意为最好的产品买单的人。这也表明只有蒂芙尼能够提供这种工艺，其他竞争对手都不行。
- "完美"向客户保证蒂芙尼在漫长的历史中反复创造无瑕的产品，这意味着买家对珠宝的质量没有任何不确定性。

蒂芙尼的成功证明了这样一个事实：尽管蓝盒子是免费赠送的，它作为一个独立的物品也有一定的货币价值（见图5-1）。

蒂芙尼的定价优势推动了巨大的差异化利润率（在战略的基本公式中）。这一点体现于它在2004—2015年相对于Blue Nile的极高利润率（见图5-2）。

蒂芙尼正品：空订婚戒指盒、袋子

商品状态：二手
结束时间：2015 年 5 月 27 日 12 点 22 分

成交价格：122.5 美元（33 次出价）
位于美国

卖家信息
100% 好评

➕ 关注此卖家的更多商品

图 5-1　蒂芙尼盒子在 eBay（亿贝）的完整拍卖

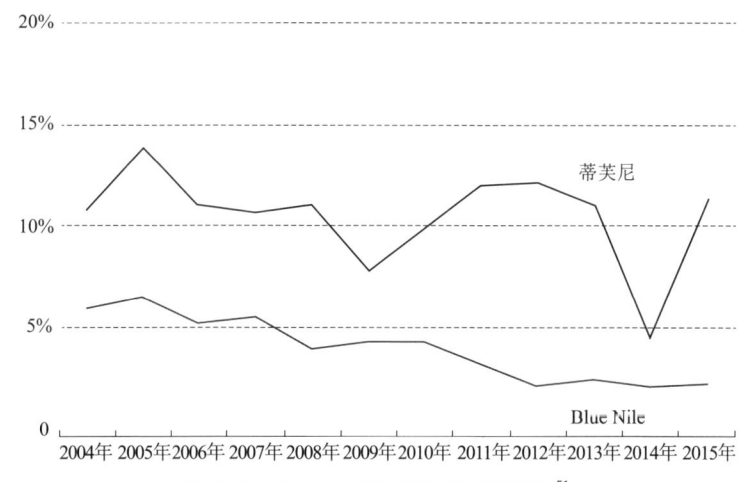

图 5-2　Blue Nile 和蒂芙尼的年利润率[51]

第五章　品牌效应

蒂芙尼由此创造的价值奠定了它 100 亿美元的市值基础，而它稳步上涨的股价也证明了投资者持久的预期（见图 5-3）。

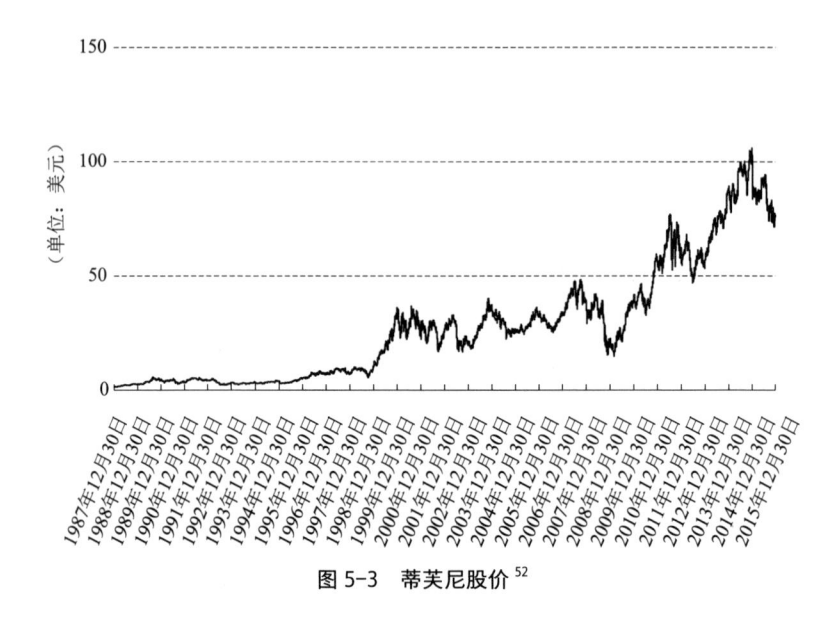

图 5-3　蒂芙尼股价[52]

品牌效应

蒂芙尼的战略力量在于品牌效应。品牌是一种资产，可以传达信息并在客户心中唤起积极的情绪，使其更愿意为产品付费。

收益。一个有品牌的企业可以因为以下两个原因中的一个或两个收取更高的价格。

- **客户好感。** 品牌长期所建立的关联会引起客户对于商品的好感，而这不同于商品的客观价值。例如在盲品测试中西夫韦的可乐可能和可口可乐没有什么区别，但即使在公布测试结果后，测试者也愿意为可口可乐支付更多费用。
- **减少不确定性。** 客户知道品牌产品像预期一样，会感到"安心"。我再举一个拜耳阿司匹林的例子。在亚马逊网站上搜索阿司匹林，你会看到拜耳 200 粒 325 毫克的阿司匹林标价为 9.47 美元，而柯克兰 500 粒 325 毫克的阿司匹林标价为 10.93 美元。因此拜耳每粒药的价格溢价为 117%。由于拜耳产品的不确定性很小，有些客户仍然会选择其产品。拜耳产品长期的一致性使客户更有信心，他们得到的正是他们想要的。请注意，品牌效应的收益并非来自客户以前的使用经验所造成的高转换成本。

壁垒。 一个强大的品牌只能通过长时间的强化行动（滞后效应）来创造，这本身就是关键的壁垒。一个多世纪以来，蒂芙尼一直在打造自己的品牌。更重要的是，模仿者在开始建立品牌时面临着令人生畏的不确定性。它不仅需要长期投资，还不能保证客户最终能对自己产生好感。模仿另一个品牌也有商标侵权诉讼的风险，以及随之而来的成本和不明确的结果。

有了这样的理解，我可以将品牌效应置于"7 种战略力量图"（见图 5-4）。

7 种战略力量			壁垒（对竞争对手）			
			不愿竞争		不能竞争	
			不确定性			
			连带损害	获取市场份额成本/收益	滞后效应	
收益（对战略力量持有者）	Δ成本	投入		规模经济		
		产品或渠道规模				
	Δ价值 (⇒P↑)	产品或渠道模式	反定位			
		更优秀的产品或服务				
		客户喜好		转换成本	品牌效应	
		不确定性				
		其他用户带来的收益		网络效应		

图 5-4　7 种战略力量中的品牌效应

品牌效应定义：

一件客观上与其他产品相同的商品，由于卖家的历史而具有更高的持久价值。

品牌效应：挑战及特征

品牌稀释。企业需要专注和勤奋来引导品牌的发展，并确保所创造的声誉与所产生的价值保持一致。因此，企业最大的陷阱在于通过推出背离或损害品牌形象的产品来削弱品牌。

企业寻求更高的"低端市场"销量会破坏其独特的光环，从而减少客户的好感度并削弱他们对产品的正面印象。20世纪70年代，霍尔斯顿作为高端女装设计标准而声名鹊起。然而，当霍尔斯顿从低端零售商杰西潘尼那里接受了10亿美元，将业务扩展到面向大众消费者的平价时装系列时，时尚精品店波道夫·古德曼为了保护自己的品牌而放弃了霍尔斯顿。杰西潘尼的平价服装路线以失败告终，而霍尔斯顿再也无法重拾往日令人生妒的品牌光辉。

我之前说过品牌效应的壁垒是滞后性和不确定性。品牌稀释会威胁到品牌力，因为它会"重置滞后时钟"，迫使公司重新启动建立客户好感度的缓慢而不确定的过程。霍尔斯顿的经历就是一个很有说服力的案例。

造假。因为是标签而非产品本身赋予品牌力量,造假者可能试图搭便车,将一个强大的品牌与自己的产品错误地联系起来。由于品牌效应依赖于与消费者的反复积极互动,造假者充斥市场并提供不一致的产品会逐渐损害品牌。例如蒂芙尼在 2013 年起诉开市客向消费者暗示它出售蒂芙尼珠宝。蒂芙尼之前曾起诉 eBay 辅助卖家销售假货。在 2013 年提起诉讼后,蒂芙尼向投资者发布的新闻稿明确指出:"蒂芙尼从来没有,也永远不会通过开市客这样的平价仓储零售商出售其高级珠宝。"[53]

消费者偏好变化。随着时间的推移,客户的偏好可能会发生变化,从而削弱品牌的价值。任天堂开发了一个适合家庭的电子游戏品牌。然而,随着游戏的主要用户群体从儿童转向成人,市场需求转向了更成熟的游戏。任天堂的品牌力在成人游戏市场中并没有延续,而是被削弱了。从战略的基本公式来看,任天堂在儿童细分市场(M_0)所获得的可观差异化利润($\overline{m}$)在成人细分市场中变小了。[54] 问题是,使品牌成为一种战略力量的特征也使得它难以改变,企业会面临品牌稀释或受损的风险。

地理界线。客户好感可能适用于一个区域,但不适用于另一个区域。例如索尼多年来在美国的电视市场享有品牌优势。然而,它在日本没有这样的优势,因此无法比松下等竞争对手收取更高的定价。

狭义。为了把战略力量的高壁垒说清楚,在动态战略中,品牌是一个比市场营销更狭义的概念。例如，即使"品牌认知度"很高，企业也不一定有品牌力。在这种情况下，规模经济可能是品牌知名度提升的根本原因。例如，可口可乐可以赞助超级碗的广告，而皇冠可乐却不能，因为广告成本只对可口可乐那样的大规模企业合理。战略家将其归类为品牌效应是大错特错的。皇冠可乐可以做出所有正确的举措建立品牌，但由于相对规模，它仍然处于同样的劣势。

非排他性。请注意品牌效应是一种非排他性的战略力量。事实上，一个直接的竞争对手可能拥有同样有影响力的品牌，且目标客户一样，例如普拉达、路易威登和爱马仕。然而，所有拥有品牌效应的企业仍将获得高于没有品牌的竞争对手的回报。

商品类型。只有特定类型的商品具有获得品牌效应的潜力（详见附录中 SLM 的推导），因为它们必须具备两个条件：

- **规模：**商品最终可以合理地大幅收取溢价。

  1）企业对企业（B2B）的商品通常不能体现由客户好感度产生的溢价，因为大多数购买者只关心客观产品。对于消费品，特别是与身份感相关的商品，客户的购买决策通常出于对品牌的好感度。原因是客户为了保持身份感的一致，必须以某种方式来排除不一致的身份。

  2）对于由于不确定性减少而产生的品牌影响力，消费者较高的支付意愿是由相对于商品价格而言较高的预期不确定性成本驱动的。这类产品往往与发生概率很低的不良事件有关，例如安全、药品、食品、交通运输相关的产品。以品牌药为例，它们的配方与非专利药相同，但价格要高得多。

- **持续性：** 企业需要足够长时间来达到上述规模。如果没有持续性，企业所获得的收益将成为竞争套利行为的牺牲品。

品牌效应：产业经济和竞争地位

为了完成本章的内容，我将品牌力量纳入产业经济/竞争地位图中。在品牌效应的例子中，我假设所有成本都是边际成本，即假设挑战者利润率为 0 时其定价等于边际成本。由于品牌价值，领先者所提供的价值大于边际成本，而我假设领先者可以收取更高的价格。这样一来：

$$^S 利润 = 1 - 1B(t)$$

式中：

$B(t) \equiv$ 品牌价值定义为挑战公司定价的倍数

$t \equiv$ 从最初投资品牌到现在的时间单位

产业经济定义了 $B(t)$ 函数（在本章附录中会阐明），并决定了领先者杠杆的规模和可持续性。时间 t 表示较强的公司（S）相对于较弱的公司（W）在发展品牌力方面的竞争地位。

	产业经济	竞争地位
规模经济	规模经济强度	相对规模
网络效应	网络效应强度	用户规模的绝对差
反定位	更优的新商业模式+旧模式的连带损害	两面性：新进入者——新模式；在位者——旧模式
转换成本	转换成本的大小（强度）	现有客户数量
品牌效应	品牌效应的时间常数和潜在规模	品牌投资持续时间

图 5-5　战略力量强度的决定因素

品牌效应的 SLM

在分析战略力量的强度时，我会提出此问："在市场定价使得没有战略力量的公司（W）无利可图时，是什么因素决定了拥有战略力量的公司（S）的盈利能力？"

S 是较强的公司（拥有品牌效应），而 W 是较弱的公司。

为了推导出品牌效应的 SLM 公式，我需要阐明是什么决定了较强的公司（S）所享有的溢价的上限。$B(t)$ 就是该决定因素。

$$B(t) = Z/(1+(z-1)e^{-Ft}) \times D_t \times U_t$$

$B(t) \equiv$ 时间点 t 的品牌价格乘数

$Z \equiv$ 该商品类型最大的潜在品牌乘数，$Z>2$

$F \equiv$ 品牌周期压缩系数，$F>0$

$D_t \equiv$ 时间点 t 的品牌稀释，$0 \leq D \leq 1$

$U_t \equiv$ 时间点 t 的品牌投资欠缺，$0 \leq U \leq 1$

$B(t)$ 是 t 的递增函数，反映了品牌效应的增长需要企业随时间推移付诸行动。我选择逻辑函数来反映品牌投资的强化方面，同时允许边际回报随时间推移而递减。上面 $B(t)$ 的特殊形式确保 $t=0$ 时 $B(t)=1$，通过调整位置参数作为 F 和 Z 的函数。F 越大，逻辑函数曲线越陡，品牌周期时间越短。F 越小，逻辑函数曲线越缓，品牌周期时间越长。由图 5-6 可知，如果不存在品牌稀释，$D=1$。如果不存在品牌投入不足，$U=1$。否则，D 和 U 会或多或少降低某时期内的品牌乘数。

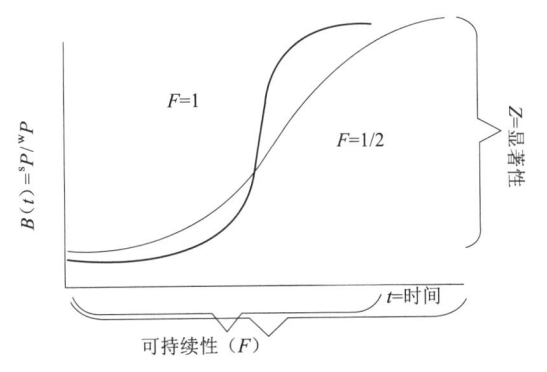

图中：$B(t) = {}^{S}P/{}^{W}P$，曲线 $F=1$，$F=1/2$，$Z=$ 显著性，$t=$ 时间，可持续性（F）

图 5-6　不同品牌周期压缩系数下的品牌效应时间函数

时间决定了一个企业的竞争地位，因为它决定了一位竞争者从时间点 $t=0$ 到 $t=t$ 时追赶较强公司的能力。Z 和 F〔$B()$〕决定了企业的行业地位。从图 5-6 可以看出，随着企业生命周期的延长，较弱的竞争对手越来越落后，因此它追赶较强公司的难度也会越来越大。品牌力的持续性取决于在品牌的生命周期内 $B(t)$ 相对于 $B(0)$ 方程的形状。最弱的挑战者没有品牌力〔$B(0)$〕，而对应时间 t 的另外一个挑战者的品牌力是

第五章　品牌效应

$B'(t)$（对应 F'）。

为了简单起见，假设生产没有固定成本。

$$利润 \equiv \pi = [P-c]Q$$

式中：

$P \equiv$ 价格

$c \equiv$ 单位边际成本

$Q \equiv$ 每个时间段生产的单位

评估领先者战略杠杆的指标：

在 P 设置为 $\exists_w \pi = 0$ 的情况下，什么决定了 S 的利润？

$$_w\pi = 0 \Rightarrow \quad 0 = (_wP - c)\,_sQ \Rightarrow \,_wP = c$$

S 可以收取 $_wP$ 的倍数的溢价，因此 $_sP = B(t) \times c$

$$\therefore \,_s\pi = [B(t) \times c - c]\,_sQ = [(B(t)-1) \times c]\,_sQ$$

$$_s\pi = (B(t)-1)\,c\,_sQ$$

$$_s利润 = (B(t)-1)\,c\,_sQ\,/(B(t)\,c\,_sQ) = 1 - 1/B(t)$$

因此 $\boxed{SLM = 1 - 1/B(t)}$

其中函数 B( ) 代表产业经济，分别通过 Z 和 F 定义战略杠杆的大小和可持续性，而 t 代表 S 相对于 W 在发展品牌力量方面的竞争地位。

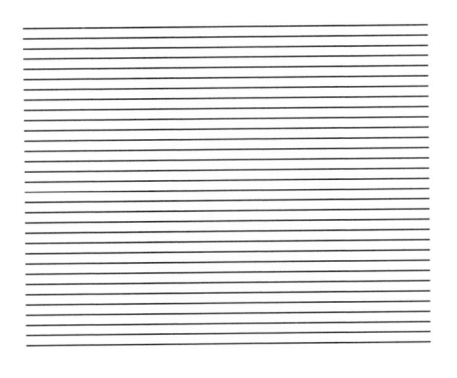

第六章

垄断性资源

垄断性资源是指以有利的条款优先获得可提高企业价值的令人垂涎的资产。只有垄断性资源才能创造更好的产品或服务，这其中不仅包括资金、专利、技术、人才，也包括可持续运营的能力。

飞向宇宙，浩瀚无垠

1955年11月22日，皮克斯的《玩具总动员》首映。这是一部让人屏住呼吸的重磅之作。它既是第一部电脑动画长片，也是皮克斯的第一部长片和约翰·拉塞特的长片导演处女作。人们不禁会联想起华特·迪士尼1937年的冒险之作《白雪公主和七个小矮人》。和迪士尼早期的作品一样，《玩具总动员》的票房飙升：它的制作预算只有3000万美元，但它在全球的票房超过3.5亿美元，同时也为皮克斯和迪士尼赢得了当之无愧的好评。评论家罗杰·伊伯特热情地谈论道：

> 看着这部电影，我觉得自己正处于一个动画电影新时代的黎明。它吸取了卡通和现实的精髓，创造了一个介于两者之间的世界。在那里，空间不仅弯曲，还噼啪作响。[55]

这一胜利带来了翻天覆地的突破。正是《玩具总动员》让皮克斯在 1995 年 11 月上市。这是由史蒂夫·乔布斯作为一名战无不胜的路演大师精心策划的。在纳斯达克上市后，这家初出茅庐的工作室常面临的生存危机逐渐淡出人们的记忆，皮克斯与其财务和发行合作伙伴迪士尼的谈判立场也发生了转变。

但接下来发生的一切与迪士尼动画电影的剧本完全不同。当迪士尼努力试图重演《白雪公主和七个小矮人》的成功时，皮克斯在 1998 年和 1999 年相继推出了《虫虫危机》和《玩具总动员 2》。这两部电影在艺术和商业上都取得了惊人的成功，标志着电影史上最引人注目的一段时期的开始。我相信人人都对图 6-1 中皮克斯的早期电影及它们的续作抱有温暖的回忆。

图 6-1　皮克斯的前 10 部电影

皮克斯在这段时间取得了非凡的艺术成就。它的前 10 部电影在烂番茄上的平均得分为 94%，只有《汽车总动员》得分在 90% 以下。皮克斯有 8 部电影获得了奥斯卡最佳动画长片奖，其中两部获得了最佳影片提名，这对动画电影来说是一项不容小觑的成就。

皮克斯的商业成功同样令人印象深刻。如图 6-2 所示，皮克斯电影的平均毛利率几乎是所有其他电影或所有非皮克斯动画电影平均毛利率的四倍。

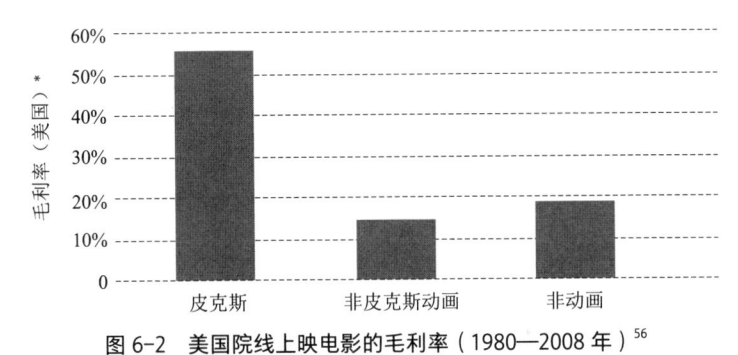

图 6-2　美国院线上映电影的毛利率（1980—2008 年）[56]

*（美国票房 – 生产成本）/（生产成本）

这些电影在全球的总收入达到 53 亿美元，这还不包括可观的商品销售额和电影为主题公园带来的利润提升。

这些电影的整体表现令人赞叹，但每部电影的表现同样值得称道。每部电影都有正毛利率，除了《机器人瓦力》，其他电影的毛利率都超过了行业平均水平（见图 6-3）。[57] 这一惊人的成功来自一家到1990年员工数量缩减到不足50人的公司。它曾经几度濒临破产，通常只能靠史蒂夫·乔布斯的慷慨解囊才能维持。

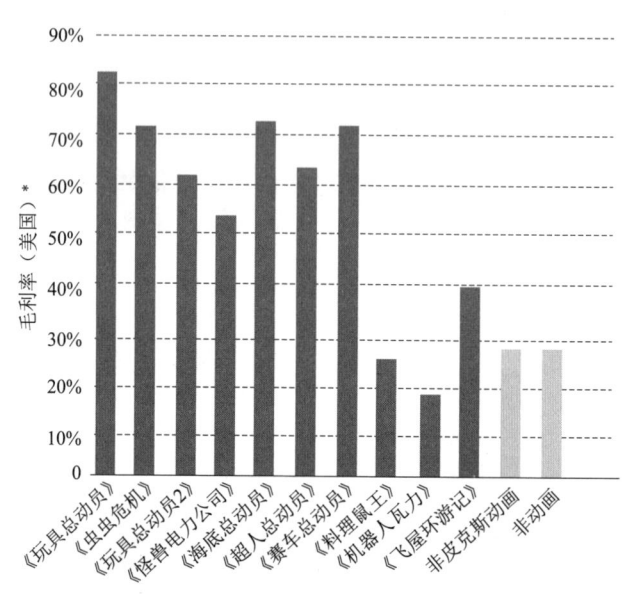

图6-3 皮克斯电影毛利率 vs 行业平均水平（1980—2008年）

*（美国票房 − 生产成本）/（生产成本）

智囊团

这种持续的成功在电影行业是没有先例的。某些导演例如威廉·怀勒和史蒂文·斯皮尔伯格，或者某些系列片，例如《夺宝奇兵》和《洛奇》，在商业上取得了多次佳绩，但没人能拥有如此长久而完整的成功史，涉及多个导演和团队。

再没有比这个现象更具有战略意义的了。皮克斯出色的表现和市值及时转化为股东价值。在2006年被迪士尼收购时，皮克斯的最终价值为74亿美元。史蒂夫·乔布斯的大部分净资产并非来自他在苹果公司的收入，而是这笔交易。毫无疑问，皮克斯拥有某种战略力量。

但问题是，皮克斯拥有哪种战略力量？皮克斯的情况似乎并不符合我目前讨论过的战略力量类型。电影是一种多方合作的创意成果。因此，它们通常不同于战略力量带来的可预测的重复胜利。但在皮克斯，一些因素使其战胜了渺茫的希望。为了弄清这个隐藏的因素，我们必须对皮克斯的历史一探究竟。

1986年2月，乔治·卢卡斯因1983年的离婚协议而财政紧张，将卢卡斯电影公司的电脑绘图部门以500万美元的价格卖给了史蒂夫·乔布斯。这家新独立的公司被重新命名为皮克斯电脑集团，并把三位杰出的人士召集到一起。

- 约翰·拉塞特：他是一位动画天才，两年前因为孜孜不倦地倡导CGI（电脑生成动画）技术而被迪士尼解雇。
- 艾德·卡特姆：他是一位CGI计算机科学先驱，以其智慧、自信且仁慈的性格驾驭了几乎不可能实现的高水准创新。
- 史蒂夫·乔布斯：这位才华横溢、喜怒无常的企业家当时正在NeXT电脑业务中苦苦挣扎。就在两年前，他在与约翰·斯卡利的权力斗争中被苹果电脑公司无情地赶了出去。

伟大的企业往往拥有一位创业天才，而皮克斯拥有三位：乔布斯成为皮克斯的董事长和大股东，卡特姆成为总裁，而拉塞特成为动画部门的负责人。如果去除这三位中的任何一位，皮克斯的故事都会有一个不愉快的结局。

当然，三重领导即使在最佳的情况下，也富有挑战，但皮克斯做到了。正如皮克斯电影制作人皮特·多克特告诉我的那样：

> 在这里权力分配很明确：约翰负责创意，艾德负责技术，而乔布斯负责商业和财务。他们彼此之间有一种绝对的信任，还有一人掌握最后的话语权（乔布斯）。[58]

但即使有这三人的参与和投入，皮克斯在早期的几年里仍然只能挣扎着生存，耗尽了资金，并侵蚀了乔布斯的净资产。该公司最初专注于销售专业硬件，但只能作为一种生存策略。与此同时，它还聘请了加州艺术学院的关键人物安德鲁·斯坦顿和皮特·多克特，建立了自己的动画部门。

在大规模裁员终结了皮克斯的硬件业务后，它与电脑客户迪士尼签订了一份制作三部电影的协议，在1991年重获新生。毫无疑问，是乔布斯的"现实扭曲力场"让这一切成为可能。一个濒临破产的小公司成为华特·迪士尼的电影制作伙伴。

《玩具总动员》的孕育和诞生本身就是一场"宝林历险记"般的过山车之旅。其中有错误的开始、冲突、生死攸关的截止日期、政治、顿悟以及许许多多的不眠之夜。就像一个上过战场又回来的海军陆战队小队，皮克斯的电影制作团队建立了信任、尊重和理解的深厚而坚韧的纽带。接下来的两部电影延伸并加强了这一纽带。

这个"兄弟乐队"后来变成了被称为智囊团的核心团队，他们是领导皮克斯工作室持续成功的创意骨干。这个核心团队就是皮克斯战略力量的关键因素。

垄断性资源：收益和壁垒

这一战略力量类型在经济学中被称为垄断性资源。皮克斯独占了这群才华横溢、久经沙场的老将。现在把它放到我们的 7 个战略力量框架中。

- **收益**：在皮克斯的案例中，这种垄断性资源带来了不同寻常的卓越成果。其系列动画片创造了高票房回报、低投入成本、高观影人数的盛况。毫无疑问，这种收益是十分可观的（体现于战略的基本公式中较大的长期的差异化利润率 $\overline{m}$）。然而，在其他情况下，垄断性资源可以以各种形式出现，提供不同而独特的收益。例如，它可能是优先获得一项有价值的专利，比如一种重磅药品的专利。它可能是一种必要的投入，比如水泥生产商对附近石灰石资源的所有权。另一种垄断性资源是节约成本的生产制造方法，比如博士伦的软隐形眼镜旋转成型工艺。

- **壁垒**：垄断性资源的壁垒与我们之前讨论的任何壁垒都不同。你可能会问："为什么皮克斯可以留住智囊团？"该智囊团中的任何一位都很可能被其他动画电影公司挖走，但他们留在了皮克斯，且毫无疑问未来会持续与皮克斯同在。即使在公司艰难的起步阶段，他们对公司的忠诚也超越了简单的金钱利益。举个例子，1988年，早在迪士尼与皮克斯合作之前，拉塞特就凭借皮克斯动画短片《锡铁小兵》获得了奥斯卡奖。这一成就让迪士尼的CEO迈克尔·艾斯纳和总裁杰夫瑞·卡森伯格试图将他们的前员工召回。拉塞特拒绝了他们的邀请，表示："我可以去迪士尼当导演，也可以留在这里创造历史。"[59] 所以在皮克斯的案例中，垄断性资源的壁垒是个人选择。就博士伦的旋转成型工艺而言，它属于专利。而就水泥生产而言，它属于产权。我们对这种壁垒的总称是"独占"。它不是基于持续的互动，而是通过资源禀赋或个人选择来实现的。以小企业和大企业的成功合作为例，正是由于拉塞特对皮克斯公司的忠诚才导致1991年卡森伯格最终同意迪士尼与皮克斯签订了三部电影的合作协议。同样，迪士尼后来的CEO鲍勃·伊格尔决定收购皮克斯是出于意识到只有这样的收购才能把皮克斯的人才带到迪士尼萎靡不振的动画集团。迪士尼动画之后的复兴证明了他决策的明智。

现在我可以把垄断性资源纳入"7种战略力量图"。

7种战略力量			壁垒（对竞争对手）			
			不愿竞争		不能竞争	
			不确定性			
			连带损害	获取市场份额成本/收益	滞后效应	独占
收益（对战略力量持有者）	Δ成本	投入		规模经济		垄断性资源
		产品或渠道规模				
		产品或渠道模式	反定位			
	Δ价值 (⇒P↑)	更优秀的产品或服务		转换成本		
		客户喜好			品牌效应	
		不确定性				
		其他用户带来的收益		网络效应		

图6-4　7种战略力量中的垄断性资源

第六章　垄断性资源

垄断性资源的定义：

以有利的条款优先获得可提高企业价值的令人垂涎的资产。

垄断性资源的 5 种测试

战略力量的门槛很高。要想满足战略力量的定义，一项属性必须足够强大，能够推动高潜力、持续的差异化利润率（$\overline{m}>0$），并具备可以让潜能变为现实的卓越运营能力。像皮克斯这样的企业拥有大量对成功至关重要的资源，而从这些资源中找出战略力量的源头往往具有挑战性。在过去的几年里，我总结出对于垄断性资源的 5 种筛选测试，它们通常可以帮助人们从众多资源中找出真正的战略力量。

1. 独特。如果一家公司多次以有利的条件获得令人垂涎的资产，那么我们可以提出一个恰当的战略问题："它为什么能够这样做？"例如，如果埃克森美孚公司能够持续获得所需的碳氢化合物产权，那么我们的关键问题是了解它获取该产权的途径。也许它的相对规模经济允许它更好地获取这些稀缺资源。如果是这样，这种获取过程就是垄断性资源，即埃克森真正的战略力量之源。如果我们只是简单地把它的战略力量归结于已获得的租约，就会产生误导。

结果证明，通过这个工具来审视皮克斯的智囊团可以提供有用信息。值得注意的是，该智囊团很大程度上仅限于特定的一群人。作为第一个迹象，皮克斯的前 11 部电影的导演都出自该智囊团（见表 6-1，除了布拉德·伯德，将于下面讨论）。

表 6-1 早期皮克斯电影导演

电影	上映年份	导演	《玩具总动员》原始团队？
《玩具总动员》	1995	约翰·拉塞特	
《虫虫危机》	1998	约翰·拉塞特	
《玩具总动员 2》	1999	约翰·拉塞特	
《怪兽电力公司》	2001	皮特·多克特	
《海底总动员》	2003	安德鲁·斯坦顿	
《超人总动员》	2004	布拉德·伯德	
《赛车总动员》	2006	约翰·拉塞特	
《料理鼠王》	2007	布拉德·伯德	
《机器人瓦力》	2008	安德鲁·斯坦顿	
《飞屋环游记》	2009	皮特·多克特	
《玩具总动员 3》	2010	里·昂克里奇	

此外，皮克斯的票房记录表明新导演不会仅仅因为加入公司团队而自动拥有智囊团的水平。这样的导演屡屡失败，比如《玩具总动员 2》的导演阿什·布兰农和科林·布兰农、《料理鼠王》的简·皮克瓦和《勇敢传说》的布伦达·查普曼。

我相信智囊团不仅仅是个人才能的结合体。相反，这些主要成员在皮克斯早期试验期间的共同经历促使了他们一次又一次的成功。如果我们确实观察到新导演加入团队后取得了皮克斯级别的商业和艺术成就，那么我们可以得知皮克斯的战略力量并非来自智囊团，而是有更深层的成因。从这个角度来看，我认为皮克斯最重要的战略挑战是导演阵容的更新。知情的观察者可能会问起布拉德·伯德。他策划了皮克斯的几大成功之作。在走进皮克斯工作室后，他根据之前自己开发、未经智囊团参与的剧本执导了《超人总动员》，后来又介入拯救了《料理鼠王》。他不就是上面提到的那种未经考验的"局外人"导演吗？其实不尽然。经过仔细考量，布拉德·伯德符合智囊团的严格评估。伯德是拉塞特在加州艺术学院的同学和朋友，他和智囊团的许多核心人物一样拥有共同的创意知识背景。更重要的是，他刚到皮克斯时就已经是一位颇有成就的动画电影导演，其优秀的电影《钢铁巨人》就证明了这一点。[60]

2. 无套利。我们可以设想一下，如果一家公司获得了一种垄断性资源的优先使用权，但随后为该资源付出巨大的代价，抵销了该资源带来的收益。你认为这种资源还是稀缺的吗？在这种情况下，它不符合战略力量的差异化回报定义。想一想电影明星，布拉德·皮特的出场可能会提高票房前景，所以他称得上"令人垂涎"，但他的薪酬已经涵盖了其大部分或全部额外价值，因此不符合战略力量的标准。相比之下，虽然皮克斯智囊团成员的薪资很高，但他们的价值远不止于此。我在皮克斯上市时曾投资过这家公司，并在整个投资期内获得了非常好的回报，直到皮克斯被迪士尼收购。

3. 可复制。如果一种资源在某家公司可以创造价值，在其他公司却不能，那么孤立地将该资源当作战略力量的来源就会忽略卓越运营之外的一些必要补充条件，所以无法复制的资源不能被定义为垄断性资源。垄断性资源定义中"令人垂涎"一词表示许多人预期该资源将创造价值。在收购皮克斯之前，鲍勃·伊格尔突然醒悟到迪士尼动画角色的遗产构成了企业的核心，只有皮克斯团队才能重振这一遗产。这促使他收购了皮克斯，并决定让卡特穆尔和拉塞特执掌迪士尼动画，将这一著名部门迅速引向复兴。如果没有卡特穆尔和拉塞特担任关键的决策角色，没有智囊团的支持，迪士尼不可能复兴，而这最终证明了迪士尼付出的高昂代价是值得的。这种资源是可复制的。

4. 持续。在寻找战略力量的过程中，企业战略家会试图找出一项可以解释持续差异化回报的因素。与之相对的是，如果去除这一因素，人们就会预期企业的差异化回报将受到负面影响。显然，这种认知会影响人们识别垄断性资源。可能有许多因素影响企业发展战略力量，但这些贡献在企业的发展中留下了深深的烙印。

例如，便利贴之所以成为3M公司的高利润业务，只是因为斯宾塞·西尔弗博士不知疲倦地为他并不那么黏的胶水寻求商业应用。一旦他建立起这种应用，便利贴业务的差异化回报就不是基于他和他独特的胶水，而是一种至少在某种程度上不同的垄断性资源：美国专利3691140、美国专利5194299和便利贴商标。在皮克斯，史蒂夫·乔布斯提供了一个类似的案例。他对皮克斯的崛起至关重要，因此仅仅把他看作皮克斯的长期资金来源完全低估了他的贡献。但随着皮克斯的发展，他的重要性逐渐下降，最终他的价值融入了公司，以至于皮克斯不再需要他持续存在来驱动差异化回报。相比之下，智囊团是皮克斯成功背后的持久力量源泉。

5. 充分。垄断性资源的最后一项筛查有关于它的完整性：一项符合战略力量定义的资源必须在假设企业拥有卓越运营能力的情况下，足以让企业获得持久差异化回报。

正如我所观察到的，许多人经常将特定的领导者错误地视为一种垄断性资源。事实上，这类人没有通过战略力量的充分性检验。例如，我很欣赏乔治·费雪的能力。他很好地管理了摩托罗拉。当他掌舵柯达时，人们对他将公司引向复兴寄予厚望。换句话说，人们期望他就是公司的垄断性资源。在我看来，柯达之后的一路坎坷并不是他的过错，那只是公司在非数字化时代专注于化学成像技术而面临绝望死胡同的外在表现。然而，这些困难告诉我们费雪并不是一项垄断性资源。摩托罗拉的成功涉及他才能中的其他层面，而这些因素后来在柯达没有展现。

换句话说，垄断性资源足以为潜在的差异化回报提供充分的条件。在我看来，目前的证据最能支持这样一种说法：皮克斯的垄断性资源是智囊团这一整体，而不是像卡特穆尔或拉塞特这样的个体成员。有人可能会把拉塞特和卡特穆尔的组合视为皮克斯真正的垄断性资源，而智囊团的其他成员仅仅反映了他们的选人能力。你甚至可以将迪士尼动画在拉塞特和卡特穆尔的领导下的复兴视为这一观点的证据。然而，皮克斯新人导演的失败与该观点相悖。

	产业经济	竞争地位
规模经济	规模经济强度	相对规模
网络效应	网络效应强度	用户规模的绝对差
反定位	更优的新商业模式+旧模式的连带损害	两面性：新进入者——新模式；在位者——旧模式
转换成本	转换成本的大小（强度）	现有客户数量
品牌效应	品牌效应的时间常数和潜在规模	品牌投资持续时间
稀有资源	稀有资源带来的价格和成本增长	以非套利价格优先获取资源

图 6-5　战略力量强度的决定因素

资源学派

资源的概念很广义，远远超出了本章的讨论范围。在战略学中有一个主要的思想流派，即资源学派，它专注于企业资源。我受益于资源学派的优秀文献，甚至有幸师从才华横溢的理查德·纳尔逊教授，他是资源学派的先驱之一。

企业不仅包含产品和服务，还包含使其高效生产的能力。有些能力是直接的，具体到当前的生产，而有些能力是更高层次的，它们决定了企业的竞争力。企业在不同发展时期需要不同的能力，但高水平的能力支撑了企业发展的全周期。企业的核心竞争力、独特竞争力、常规运行、综合能力和动态能力都涵盖于此。

我有意限制了本章对资源的讨论。首先，我只聚焦于符合战略力量定义的资源来缩小该话题。上面的测试旨在帮助实践者排除那些可能值得注意但不符合我对战略定义的资源。

其次，本章对资源的讨论还有更深的一层限制：本书的这一部分仅限于对战略力量的静态分析。资源学派在动态战略中的作用更大。当我在本书的第二部分继续讨论这个话题时，我会阐明创新是战略力量的第一大成因。在探索创新的内生因素时，资源的概念，即资源学派涉及的更广义的资源，将更加突出。

垄断性资源的 SLM

在分析战略力量的强度时,我会提出此问:"在市场定价使得没有战略力量的公司(W)无利可图时,是什么因素决定了拥有战略力量的公司(S)的盈利能力?"

假设 S 所拥有的垄断性资源(CR)能够创造更好的产品或服务。例如,这解释了皮克斯为何能持续制作优秀的电影。

我们进一步假设 S 从 CR 中实现了单位利润的增加,即 Δ。这可能是由于优质的产品或成本降低而导致的价格上涨(在皮克斯的案例中,优质的动画集中体现于获取更高的影院上座率。考虑这个问题的一种方式是:在取得平均票房收入定价下所产生的 Δ)。

同样为了简单起见,假设生产没有固定成本。

$$利润 \equiv \pi = [P - c + \Delta] Q$$

式中:

$P \equiv$ 定价

$c \equiv$ 单位可变成本

$Q \equiv$ 每个时间段的生产单位

另外假设 CR 的增量成本为每年的固定金额 k。在皮克斯的案例中，和新招募具备相似培训经验的替代者相比，原有核心团队的元老除了每年的年薪，年底还要额外支付一笔年终奖（k）。

因此 S 的利润 $\equiv {}_s\pi = [{}_wP+\Delta-c]{}_sQ - k$

评估 SLM：

在 P 设置为 $\ni {}_w\pi = 0$ 的情况下，是什么决定了 S 的利润？

$${}_w\pi = 0 \Rightarrow \quad 0 = ({}_wP - c){}_sQ \quad \Rightarrow {}_wP = c$$

S 从 CR 中获得了额外的利润 Δ。

S 还增加了额外的固定成本 k（k 不需要是正数）。

因此 ${}_s\pi = [(\Delta + {}_wP) - c]{}_sQ - k$ 替换 ${}_wP = c$

${}_s\pi = \Delta {}_sQ - k$ 除以收入 $[(\Delta + {}_wP) \times {}_sQ]$

求得利润率

所以 ${}_s$ 利润率 $= \Delta {}_sQ/(\Delta + {}_wP) \times {}_sQ - k/(\Delta + {}_wP) \times {}_sQ$

$$\boxed{SLM = \Delta/(\Delta + {}_wP) - k/(\Delta + {}_wP) \times {}_sQ}$$

= [CR 引起的利润增加] - [每 1 美元销售的 CR 成本]

产业经济：Δ, k

竞争地位：是否通过独占控制 CR

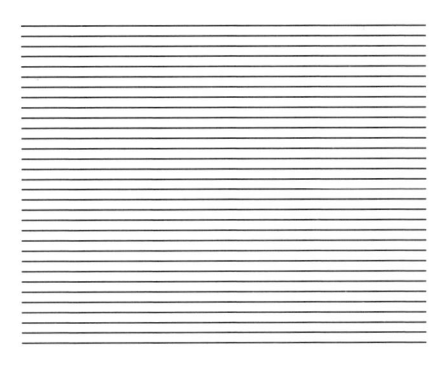

第 七 章

流 程 优 势

流程优势是指企业通过优化组织流程，提升产品属性和降低成本，获得双重收益。流程优势需要长期持续建立，因此非常稀缺，很难被对手模仿。

你现在已经学习了7种战略力量中的6种，而本章将通过讨论最后一种战略力量——流程优势，来完成我们的战略之旅。我把它留到最后，因为这一力量很罕见。我将以丰田汽车公司作为案例。

我在1969年从大学毕业后，一位好友兼美国佛蒙特州的汽车热爱者已经获得了我们在新英格兰北部地区的丰田代理权。这在当时似乎是一个冒险之举，但他认为这是对于一家优秀创业公司的投资。丰田四四方方的卡罗拉汽车没有通常引起我们关注和好感的性能。相反，让我朋友印象深刻的是丰田汽车的质量，这与世界领先的底特律汽车巨头的产品形成了鲜明的对比。

当时，丰田在美国汽车市场几乎没有引起任何关注。它只占有0.1%的市场份额，而通用汽车的市场份额达到了惊人的48.5%。即便如此，我朋友的投资还是有先见之明的。丰田微小的市场份额掩盖了更深层次的现实。它已经花了近20年的时间不懈地打磨出一项极具竞争力的资产——丰田精益生产体系（TPS）。

1950年，时任丰田汽车公司总经理的丰田英二在美国密歇根州迪尔伯恩市花了三个月时间研究"世界最大的综合工厂"，即福特红河工厂。[61]他在1929年访问福特时对其制造工艺的改革印象极其深刻，但他在1950年再次访问福特时对其印象却恰恰相反——福特工厂拥有大量库存，这些库存用来对冲生产订单数量时多时少的不确定性，但这在丰田看来是种浪费。丰田英二对于城市各处所见的超市留有更好的印象：这些超市只有在货架清空后才会重新进货，而这正好符合他多年来因战争导致的资源短缺而养成的节俭性格。他认为自己能做得比福特好，于是开始付诸行动。[62]

但是开发一种更卓越的汽车制造流程绝非易事。就连堪称汽车业简约典范的福特T型车也有7882个组装步骤。[63]而组装只是整个复杂流程的一小部分。福特有一条庞大的向上游延伸的供应链，其复杂性同时反映在组装点下游、位于各地的经销商分销系统上。

但丰田对于质量和效率的追求根深蒂固，这可以追溯到1890年丰田佐吉发明的丰田式木制手动织机。于是，在1950年拜访福特后，丰田逐渐研发出了后来被称为TPS的生产体系。由此产生的无与伦比的汽车质量和耐用性受到了买家的欢迎。他们中的许多人厌倦了易损坏的美国车型和底特律建立在"按期报废"概念上的产品观，通用汽车的阿尔弗雷德·斯隆将其称为"动态报废"。[64]如图7-1所示，其结果令人震惊。

图 7-1　美国汽车市场份额[65]

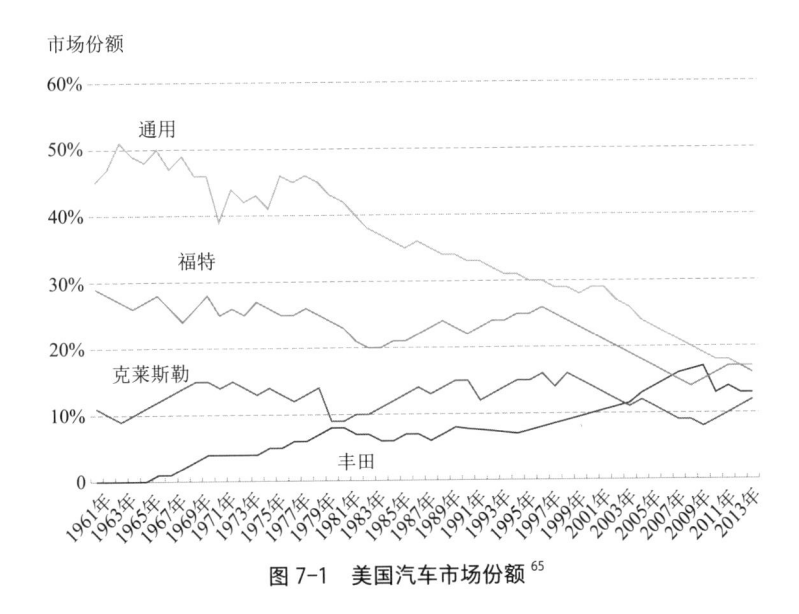

到 2014 年，丰田在美国市场中几乎与通用汽车和福特平起平坐。而在同一时期，通用汽车却销量惨淡：它在美国市场的份额从接近 50% 暴跌至不到 20%。在全球范围内，丰田的市场份额增势更加令人赞叹。

这些长达几十年之久的持续变化时间与其变化幅度一样值得关注。这种迹象早在 1980 年就很明显：丰田的市场份额在增长，而通用汽车则在走下坡路。在 20 世纪 60 年代，通用汽车被认为是世界上经营最好的公司之一，而随后缓慢的衰退使通用汽车开始考虑是否应该效仿竞争对手的做法。因此，通用汽车在 1984 年与丰田合作成立了新联合汽车制造公司，该公司将用丰田的生产技术在加州弗里蒙特的一家工厂生产紧凑型轿车。通用汽车将丰田视为合资公司里的专家，而弗里蒙特的工人被送往日本进行培训。

这家合资公司起步很快。新联合汽车的低不良率很快接近了丰田在日本工厂的不良率。通用汽车曾希望自己可以很容易地将从这项合作中吸取的经验复制到位于世界各地的众多其他工厂。

但事实并非如此。虽然丰田提供了关于新联合汽车生产操作的全部信息，通用汽车还是不能在自己的工厂复制它的结果。这不仅仅是因为通用汽车实力不足。正如《哈佛商业评论》的一篇文章所指出的那样，许多公司都没有模仿TPS的能力：

> 奇怪的是，尽管丰田公司完全公开自己的做法，却很少有制造商可以成功地模仿它。来自数千家企业的数十万高管参观了丰田在日本和美国的工厂。[66]

通用汽车尝试复制新联合汽车生产方法的失败延续了之前提到的市场份额不断下降的趋势。尽管新联合汽车取得了成功，通用汽车却不可避免地持续衰退了几十年。

那么潜在的挑战是什么？通用汽车很有内驱力，愿意且有能力投资并在新联合汽车合资业务中看似很好地获取了必要的知识。

问题在于TPS另有玄机。表面上看，它由一系列很简单直接的相互关联的步骤组成，例如即时生产、持续改善、库存控制，以及警报灯（使工人停止生产并发现问题以便修复的设施）。通过观察，通用汽车的工人自然认为他们可以复制这些程序以创造一个一模一样的TPS生产系统。

然而事实证明，这些生产技术仅展示了一些更深层次、更复杂的系统。加州范纽斯通用汽车工厂经理厄尼·谢弗对此沮丧地讲述道：

> 当你走进新联合汽车工厂时会发现哪些不同？你可以看到很多不一样的事物，但是你看不到支持整个新联合汽车工厂的系统。我认为在那时没有人了解这个系统的复杂本质……他们从未禁止我们在工厂里走动观察，了解生产流程，甚至向一些关键人物提问。我经常因惑于他们的这种做法。我认为他们知道我们没有问对问题。我们不了解更大的图景。我们所有的问题都集中在车间、装配厂和生产线上发生了什么。这些都不是问题的本质。真正的问题是丰田如何让TPS生产系统和公司中所有其他职能协同作战。[67]

因此，尽管通用汽车拥有最美好的愿望且投资了数百万美元，但要达到像丰田那样的业绩对通用汽车来说是一个难以实现的中期目标。显然，丰田的成功是因为存在某种壁垒，再加上成本效率和质量大幅提升的双重收益。现在只剩下一个结论，即丰田已经找到了某种难以捉摸的战略力量来源。如图 7-2 所示，丰田这几十年来的股价不断上涨，造就了一家市值近 2000 亿美元的公司，而这便是战略力量最终的指标。但它拥有的是哪种战略力量呢？

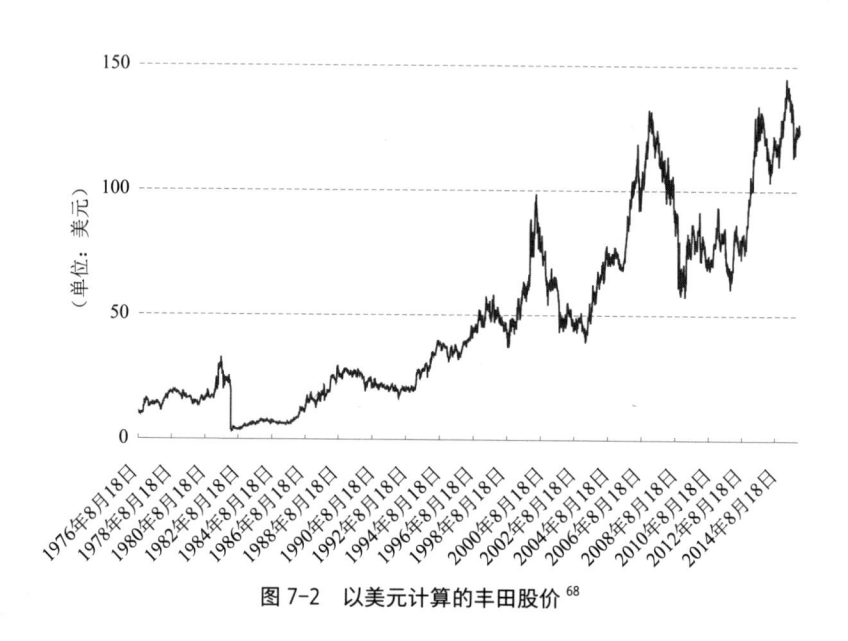

图 7-2　以美元计算的丰田股价[68]

流程优势

TPS 例证了一种罕见的战略力量类型，即流程优势。我会用 7 种战略力量框架中惯用的"收益"和"壁垒"维度来更正式地描述流程优势。

收益：拥有流程优势的公司能够通过组织内部的流程改进来提

升产品属性和降低成本。例如，在过去的几十年里，丰田一直保持着 TPS 的质量提升和成本降低。这些资产不会随着新工人的加入和老工人的退休而消失。

壁垒：流程优势的壁垒是滞后效应——流程方面的进步很难复制，只能通过长期持续的发展来实现。这种获取收益的固有限制源于两个因素。

- **复杂性**。回到丰田的案例：汽车生产以及支持它的所有供应链是十分复杂的。如果流程改进像丰田一样涉及产业链的方方面面，那么迅速改进即便可能也是富有挑战性的。
- **透明度**。TPS 的发展提醒我们潜在模仿者不可避免地要面对长期不断模仿的难题。这一体系是经过几十年的反复试错而自下而上形成的，其基本原则从未被正式编入法典，而许多组织知识是心照不宣的。毫不夸张地说，即使是丰田自己，也并非完全了解它所创造的生产体系，例如它花了整整 15 年时间才将 TPS 转移给它的供应商。通用汽车在新联合汽车的经验也暗示了这种知识的隐形特征。即使丰田想要阐明它的工作流程，也无法完全讲清。

现在我针对流程优势的收益和壁垒将其纳入 "7 种战略力量图"（见图 7-3）。

7 种战略力量			壁垒（对竞争对手）			
			不愿竞争		不能竞争	
			不确定性			
			连带损害	获取市场份额成本/收益	滞后效应	独占
收益（对战略力量持有者）（⇒P↑）	Δ成本	投入		规模经济		
		产品或渠道规模				垄断性资源
	Δ价值	产品或渠道模式	反定位		流程优势	
		更优秀的成果				
		客户喜好		转换成本	品牌效应	
		不确定性				
		其他用户带来的收益		网络效应		

图 7-3 7 种战略力量中的流程优势

这就引出了我们对流程优势的定义：

> 根植于公司内部的组织活动，能够带来更低的成本和更好的产品，并且只能通过长期努力来实现。

流程优势和战略学

流程优势与战略学的发展有着重要的交集。[69] 通过描述这些特征，我们可以更好地理解流程优势的本质以及为什么它如此罕见。

战略 vs 卓越运营。哈佛大学教授迈克尔·波特很久以前就坚持表示卓越的运营不是战略，这引起了不小的轰动。[70] 然而，这种观点完全符合本书的"无套利"假设：容易被模仿的改进举措不是战略，因为它们不会增加战略基本公式中的长期的差异化利润率（$\overline{m}$）或长期市场份额（$\overline{s}$），而这两个指标是长期均衡价值。

但驱动流程优势的逐步改进不正是卓越运营的表现吗？没错，但这只代表了收益方面，收益是我们关注流程优势的一个关键点。流程优势的收益，即自下而上的大幅改进，是卓越运营的核心，这一点是相当普遍的。流程优势除了给企业带来收益，其很少出现的原因是其形成壁垒的稀缺性，即通过坚持不懈的长期努力对流程持续改进的能力。这种形成壁垒的能力是很稀缺的，因为无论一家公司投入多少或者多么努力，它所期望的改进都会受到与时间相关的潜力边界的限制，正如通用汽车在新联合汽车的经历一样。

也许最好的理解方式是：流程优势等于卓越的运营加上滞后效应。话虽如此，这种对竞争壁垒形成至关重要的滞后效应很少发生，所以我非常同意波特教授的观点，即卓越运营本身不是战略。[71]

如果有人对战略有不同的定义，例如"战略就是公司所有重要事物的集合"，按照这样的定义，卓越的运营能力也是战略。我认为卓越的运营虽然重要、难以实现且值得管理层关注，但是它不足以使企业获得竞争优势。我相信波特教授对此不会持有异议。

经验曲线。 在波士顿咨询公司和贝恩咨询公司战略实践的形成期，一个被称为"经验曲线"的概念尤为重要。经验曲线是通过观察得出的。许多公司的成本似乎遵循一个向下的轨迹，并落在一个特定的曲线内：公司生产的产品每翻一倍（这就是"经验"的正式含义），单位成本将降至加倍之前的70%~85%（称为"斜率"）。

这一观点并不幼稚，从1990年《科学》杂志一篇文章中基于数据的柱状图就可以看出（见图7-4）。[72]

在这个样本中，108个案例中约有60%的斜率在70%~85%的范围内。

你可能会查看这些数据，以反驳我关于流程优势不常见的断言。相反，你可能会说流程优势是一种由"经验"驱动的常见商业状况。遗憾的是，这些数据只强调了卓越运营带来的收益的频率。图7-4中所展示的改进仅指公司随时间推移所取得的进展，它没有

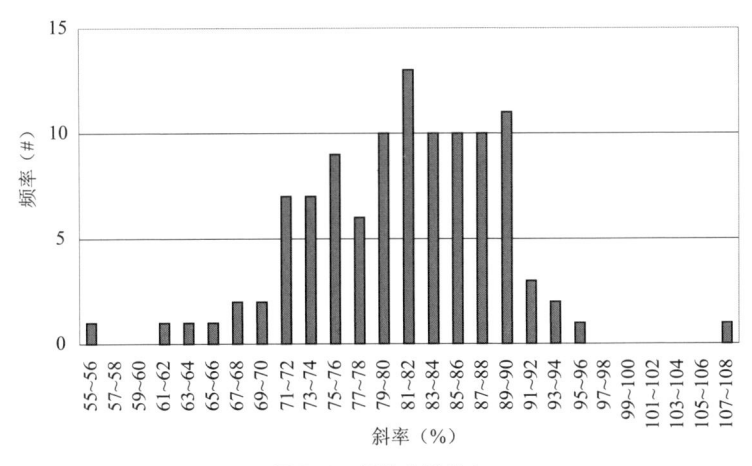

图 7-4　经验曲线样本

告诉我们多家公司在同一时间点的相对位置。例如，根据经验曲线，不同规模的公司在任何时间点上的成本都是一样的，所有公司每年的收益率都相似。[73]

让我们用一个简单的假设澄清我的观点，即经验曲线所示的随时间推移而获得的收益在公司间普遍存在。如果在某一时点不同公司存在不同的经验差距，那么人们通常会认为一家规模是其最大竞争对手两倍的公司可以保持15%~30%的营业利润率。如此罕见的巨大差异凸显了一个讽刺之处，即经验曲线并不等于战略力量，而是间接证明了波特教授的观点，即竞争套利的普遍性。

惯例。如前所述，我在读研期间有幸师从理查德·R.尼尔森教授。他是一位大胆的原创思想家，而战略学是他做出巨大贡献的众多领域之一。他与西德尼·温特合著的《经济变迁的演化理论》

（*An Evolutionary Theory of Economic Change*）提出，创新很少由自上而下的有目标的举措驱动，而是由"有限理性"[74]的一线人员的迭代反应驱动。这种演化式的创新通常会在被他们称为"惯例"的新过程中默默地显现出来。这一观点和我们在 TPS 中看到的现象吻合。

尼尔森和温特的书通常被认为是前面提到的资源学派的基础。在经济史中，有一个概念叫作"连接深度问题"（colligation problem）：在理解因果关系时，你应该追溯多远。[75] 资源学派认为你的研究若止于竞争优势是不适当的。相反，你可以通过思考哪些基本的前期配置（"资源"）促成了竞争地位的发展以获得更深刻的见解。广为传播的"核心竞争力"[76]概念就是这种观点的一种表述。

尼尔森教授和温特教授关于公司惯例的研究为此类研究提供了一个极好的起点。但通常这样的公司惯例代表缺乏壁垒的收益，因此战略力量不会从中而生。那么你可能会问："资源学派是否相较于战略学对卓越运营更有启示意义？"我持有不同观点。对战略学的丰富描述源于资源学派，但它们更多与动态战略相关，即本书第二部分的主题。正如我们将在第二部分中看到的，卓越运营一般来说对建立某些类型的战略力量具有深远的意义。

有了这第七种战略力量类型，我现在可以完成在第一章开始的竞争地位 / 产业经济汇总。

	产业经济	竞争地位
规模经济	规模经济强度	相对规模
网络效应	网络效应强度	用户规模的绝对差
反定位	更优的新商业模式+旧模式的连带损害	两面性：新进入者——新模式；在位者——旧模式
转换成本	转换成本的大小（强度）	现有客户数量
品牌效应	品牌效应的时间常数和潜在规模	品牌投资持续时间
稀有资源	稀有资源带来的价格和成本增长	以非套利价格优先获取资源
流程优势	流程优势效应的时间常数和潜在规模	流程优势进步的相对持续时间

图 7-5　战略力量强度的决定因素

7 种战略力量总结

你已经到达终点。我的目标一直是为你提供一枚战略指南针，指导你的业务向前发展。我在序言中指出，要实现这一功能，7 种战略力量必须满足"简约而不简单"的高标准。在前期，我明确地将自己的概念与战略的基本公式中的公司价值联系起来。这使我们相信之后的内容并不简单。有了这一章，我现在已经完成对 7 种战略力量的描述。通过与许多商业人士的交流，我确信这 7 种战略力量足够简约，可以成为这样一枚指导你前进的指南针。我相信你也会有相同的感受。

7种战略力量			壁垒（对竞争对手）			
			不愿竞争		不能竞争	
			不确定性			
			连带损害	获取市场份额成本/收益	滞后效应	独占
收益（对战略力量持有者）	Δ成本	投入		规模经济		垄断性资源
		产品或渠道规模		规模经济		垄断性资源
	Δ价值（⇒P↑）	产品或渠道模式	反定位		流程优势	垄断性资源
		更优秀的产品或服务	反定位		流程优势	
		客户喜好		转换成本	品牌效应	
		不确定性		转换成本	品牌效应	
		其他用户带来的收益		网络效应		

图 7-6　7 种战略力量

我们现在将进入本书的第二部分，并讨论动态战略的问题："这 7 种战略力量是如何发展的？"

流程优势的 SLM

在分析战略力量的强度时,我会提出此问:"在市场定价使得没有战略力量的公司(W)无利可图时,是什么因素决定了拥有战略力量的公司(S)的盈利能力?"

对于流程优势,我假设所有成本都是边际成本,所以挑战者利润为零时定价等于边际成本。我关注的是领先者的成本由于其流程优势而较低的情况(或者领先者可能因为其流程优势而收取较高的价格,或者两者兼有)。因此:

$$\text{利润} \equiv \pi = [P - c]Q$$

式中:

$P \equiv$ 定价

$c \equiv$ 单位可变成本

$Q \equiv$ 每个时间段的生产单位

评估 SLM:

在 P 设置为 $\exists_W \pi = 0$ 的情况下,是什么决定了 S 的利润?

$$^W\pi = 0 \Rightarrow \quad 0 = (P - {^W}c)^S Q \quad \Rightarrow P = {^W}c$$

假设:

$D(t) \equiv$ W 在时间点 t 的成本倍数

第七章 流程优势

$Z \equiv$ 最大潜在成本倍数

$F \equiv$ 周期时间压缩系数

^{W}c 是 ^{S}c 的倍数，因此 $^{W}c = D(t) \times {}^{S}c$

$\therefore {}^{S}\pi = [P - {}^{S}c]{}^{S}Q = [D(t) \times {}^{S}c - {}^{S}c]{}^{S}Q$

$\qquad {}^{S}\pi = (D(t)-1){}^{S}c\,{}^{S}Q$

^{S}利润率 $=(D(t)-1){}^{S}c\,{}^{S}Q /(D(t){}^{S}c\,{}^{S}Q) = 1 - 1/D(t)$

或者 $\boxed{SLM = 1 - 1/D(t)}$ 其中 $D(t) = Z/(1 + (Z-1)e^{-Ft})$

产业经济定义了函数 $D(\ )$，它决定了战略杠杆的潜在规模和可持续性。$D(t)$ 是 t 的递增函数，反映了企业增加流程优势需要随时间而行动。我选择逻辑函数是为了反映流程优势投资的强化方面，同时允许边际回报随时间递减。上面 $D(t)$ 的特殊形式确保 $t=0$ 时，$D(t)=1$，通过调整位置参数作为 F 和 Z 的函数。F 越大，逻辑函数曲线越陡，流程优势周期时间越短。F 越小，逻辑函数曲线越缓，流程优势周期时间越长。

时间 t 表示 S 在发展流程优势中相对于 W 的竞争地位，因为它决定了一位竞争者从时间点 $t=0$ 到 $t=t$ 时追赶较强公司的能力。Z 和 $F[D（t）]$ 决定了企业的行业地位。从图 7-7 可以看出，随着企业生命周期的延长，较弱的竞争对手越来越落后，因此它追赶较强公司的难度也会越来越大。企业流程的持续性取决于企业生命周期内 $D(t)$ 相对于 $D(0)$ 方程的形状。最弱的挑战者没有流程优势 $[D(0)]$,而对应时间 t 的另外一个挑战者的流程优势是 $D'(t)$(对应 F')。

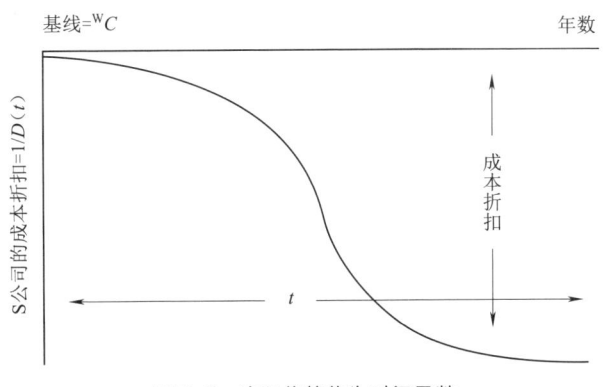

图 7-7 流程优势作为时间函数

第二部分

动态战略

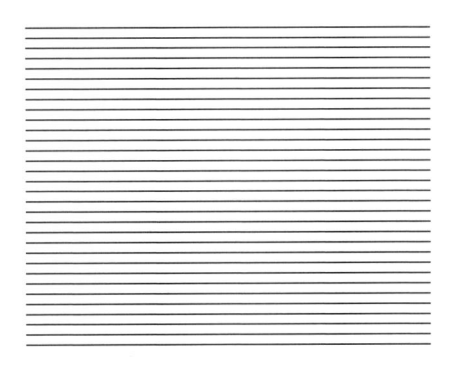

第 八 章

获取战略力量的途径

战略力量紧随创新而来。企业扩大市场规模、创造价值的三种创新驱动力分别是：能力驱动，客户需求驱动，竞争驱动。在形成创新路径之后，你还必须时刻保持警惕。

为了帮助你灵活地制定公司战略，我们一起走过了漫长的旅程。我在之前的七章中用每一章详细地介绍了一种战略力量类型，逐步构建了 7 种战略力量。你现在拥有一个强有力的战略指南针，它涵盖了所有地区所有企业的一切有吸引力的战略方位。[77] 无论竞争对手多么努力，只要拥有一种或多种战略力量，你的业务就会处于理想状态并持久地产生现金流。如果你不具备任何一种战略力量，你的公司就势必面临风险。

然而，7 种战略力量的贡献并不止于此。你仍然需要一个旅行指南，即创建战略力量的路线图。你可能会认为各种通往战略力量的路径都独具一格，无法进行有意义的归纳。但这 7 种战略力量能使我们穿透这些纠缠不清的细节，进入更深层的核心。

现在你知道你的公司必须获得战略力量，否则将有破产风险。所以你可能会问自己两个问题："我需要做什么才能建立战略力量？"以及"我何时能建立战略力量？"本书的第二部分揭示了这两个问题的答案。"需要做什么"是本章的主题，而"何时"是下一章的主题。

我将把网飞的流媒体业务作为第一个案例。在此基础上，我将对所有企业面临的"如何建立战略力量"的问题进行概括。但我在这里需要提出第一个要点：所有战略力量都始于创新。一旦我们探索了这个概念，我将继续讨论创新如何推动战略基本公式的另一个关键元素，即市场规模。

脱离苦海

当我在 2003 年成为网飞的投资者时，我的投资假设有两点。

1. 网飞的 DVD 租赁业务具备战略力量：它用反定位对抗实体公司百视达，同时用流程优势及适度的空间分布规模经济对抗其他试图模仿自己的 DVD 邮寄公司。

2. 网飞的战略力量没有得到投资界的认可。

事实证明我的假设是正确的，因为网飞轻松地击退了其他类似的竞争对手，同时也在与百视达的激烈竞争中获胜，其结局正如任何企业战略家所希望的那样明确：2010 年 9 月 23 日，百视达宣布破产。这个先前雄心勃勃的竞争对手的戏剧性破产证明了我所假设的反定位的效力。

有人可能希望这样的胜利会让网飞轻松稳居高处，但这对网飞是不可能的，至少现在还达不到。我的投资包含两个需要注意的假设：首先，我知道 DVD 租赁业务是短暂的，注定会被互联网上的数字发行取代。

这对网飞的管理层来说并不新鲜。网飞创始人兼 CEO 里德·哈斯廷斯在 2005 年写道：

> DVD 将在不久的将来继续产生巨大的利润。网飞在该领域至少还有十年的统治地位。但互联网的电影时代正在到来，在某个时刻，它将成为一门大生意……这就是为什么我们公司叫作网飞，而非 DVD 邮寄公司。[78]

我的投资假设的第二部分同样值得小心斟酌：网飞在这种新商业模式中还没有明显的战略力量来源。流媒体技术对许多公司而言都是触手可及的，而强大的内容供应商势必会从他们的权利中榨取每一分钱。我认为网飞的管理层可能也同意我的这个假设。

那么网飞是如何面对这些困境的？它先试水，将 1%~2% 的收入投入到流媒体上。[79] 当然，这不是拿整个公司打赌，但也绝非微不足道。网飞的这一努力在 2007 年 1 月 16 日推出"立即观看"功能时达到了顶峰。这是一个适度的开始，最初只涵盖大约 1000 部影视作品，只是它的 DVD 库的 1%，但仍然不容小觑。

客户的反应很积极，鼓励网飞更上一层楼。网飞依次与每个硬件供应商谈判以确保设备供应不出问题，同时网飞还加大了在内容方面的投入。网飞在 2008—2009 年与哥伦比亚广播公司（CBS）、迪士尼、Starz 和 MTV 达成了协议，它不断完善后端技术，使流媒体成为完美的客户体验。

到 2010 年，流媒体已经成为网飞的一股力量。在 2011 年初，美国科技博客 TechCrunch 以《流媒体正在推动网飞的新用户增长》[80]为标题，用图 8-1 显示了该公司惊人的用户增长。

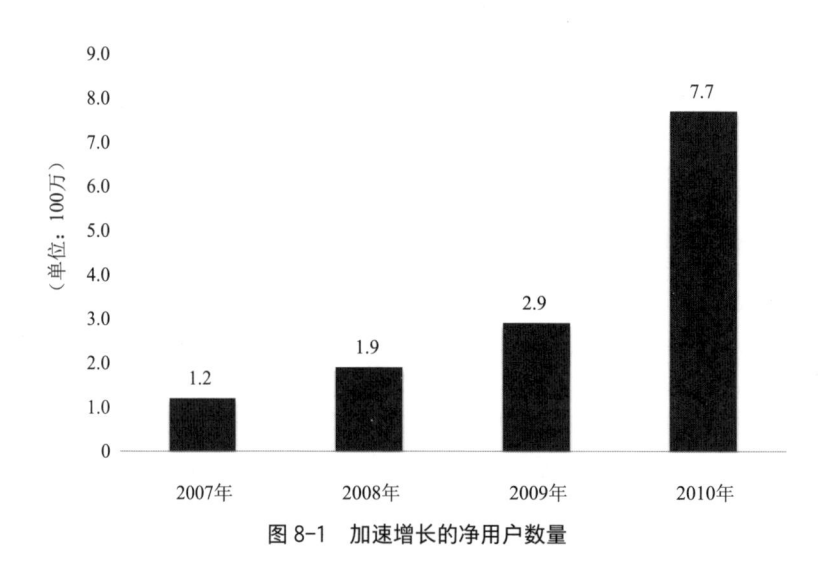

图 8-1　加速增长的净用户数量

这是一个好消息，但是我的第二个投资假设仍有待证明，即网飞的流媒体业务没有明显的战略力量来源。网飞终于直面了波特教授所述的令人不悦的事实：卓越的运营不是战略。

是的，卓越的运营既重要也一直富有挑战性。它理所当然地占据了管理层的大部分时间。不幸的是，它本身并不能保证企业获得差异化利润（战略的基本公式中的正向 $\overline{m}$）和稳定或不断增长的市场份额（战略的基本公式中的 $\overline{s}$）。竞争对手可以很容易地模仿卓越运营带来的改善，最终对企业的价值进行套利。

网飞在踏入流媒体领域的过程中遭遇了许多严峻的运营挑战，并逐渐解决了这些问题。但即便是这些努力，也不足以确保持续的差异化回报。例如如下三种情况。

- **用户界面（UI）开发。**网飞在 UI 上投入了大量精力，这是理所当然的。网飞是一家数据智能公司，通过对 UI 替代品的 A/B 测试不断改进。不幸的是，正如百视达在与网飞的 DVD 邮购租赁竞争中所显示的那样，复制 UI 是很容易的。
- **推荐引擎。**网飞是全世界领先的推荐引擎开发者，甚至赞助了"网飞奖"，该奖项产生的有关机器学习的见解在该群体中至今仍引人注目。这里人们可能会假设网飞受益于规模经济：随着网飞积累更多的数据，它推荐的准确度也会随之增加。确实如此，但这种规模经济带来的回报是递减的而非线性提高的。这意味着规模较小的竞争对手可以实现大部分相同的收益。
- **IT 基础设施。**视频需要大量的宽带和存储空间。网飞在 2011 年已经成为互联网峰值带宽最大的用户，这对一家科技公司来说也许是出乎意料的。但网飞认为 IT 基础设施不是其核心能力，并做出了外包 IT 的决定（在我看来，这是正确的），最终成为亚马逊网络服务的一位大客户。这减轻了网飞在 IT 扩展方面的很多压力，使其专注于自己最擅长的事情。

这些领域中的每一项都需要不懈关注和专业分析，尽管解决了如此多的问题，但还是不够。从长远来看，所有这些进步或多或少都可能被其他公司模仿。网飞获取战略力量的潜力仍然难以捉摸。

网飞意识到内容才是问题的核心。毕竟，优秀的内容最终代表了任何流媒体的核心价值主张，而对网飞而言，这占据了其成本结构的大部分。不幸的是，内容供应商可以对他们授权的节目进行"可变成本定价"，即根据使用用户观影数量向网飞收费。这让内容供应商与网飞处于同比例利润增长地位，无论网飞流媒体业务增加到多大规模。内容供应商的"可变成本定价"策略消除了网飞获取任何战略力量的机会。

战略眼光敏锐的网飞内容主管泰德·萨兰多斯通过推出独家内容迈出了应对这一挑战的第一步。乍一看，独家内容对网飞而言似乎是个糟糕的选择：它的定价更高，用户能看的内容也就更少。然而，在 2010 年 8 月 10 日，网飞和 Epix 达成了独家协议。

"将 Epix 加入我们不断增长的流媒体内容库，成为这些优秀内容的唯一互联网发行商，标志着网飞作为互联网娱乐平台领先者的崛起。"泰德·萨兰多斯说道。[81]

这一举措改变了游戏规则。独家内容的价格是固定的，这意味着一些影视内容不再有可变成本。突然之间，网飞相对于其他流媒体公司的巨大规模优势带来了改变。

但潜在的独家产权所有者可能会注意到网飞的成功。最终，它们会诉诸讨价还价以获得超大份额的回报，甚至利用其他流媒体竞争对手作为掩护。事实上，Epix 采取的正是这种行动。Epix 在 2012 年 9 月 4 日终止了与网飞的协议，转而与亚马逊签约。

所以，在萨兰多斯的批准下，网飞又顺理成章地迈出了下一步，即制作原创内容。这里，网飞借鉴了 HBO 的打法。多年前，HBO 向原创内容的转变就确保了它作为付费有线电视巨头的地位。网飞的第一部作品是低调的《莉莉海默》，但 2011 年 3 月 16 日，网飞投下了一颗炸弹。《好莱坞头条》特别报道：

> 网飞将与戴维·芬奇和凯文·史派西合作拍摄原创作品《纸牌屋》。[82]

网飞在《纸牌屋》上投入了 1 亿美元，击败了 HBO、CBS 和娱乐时间（Showtime）。这部政治题材电视剧分为两季，一共 26 集。这在当时是一个很大的赌注。尽管网飞从用户数据中获得了一定信心，但风险还是相当高。

作为回报，网飞获得了越来越多的订户和无数奖项，包括9项黄金时段艾美奖提名。这不仅使网飞获得可观的收益，还加固了它通往胜利的壁垒。原创作品是一项固定成本，这既保证了强大的规模经济，也永久地改变了网飞与内容供应商的谈判地位。正如里德·哈斯廷斯所说："如果电视网络停止销售节目……我们公司有相应对策。我们只需制作更多原创作品……"[83]

让我们快进到2015年。正如维基百科上的这张图所示，原创作品现在已经成为网飞战略的核心（见图8-2）。

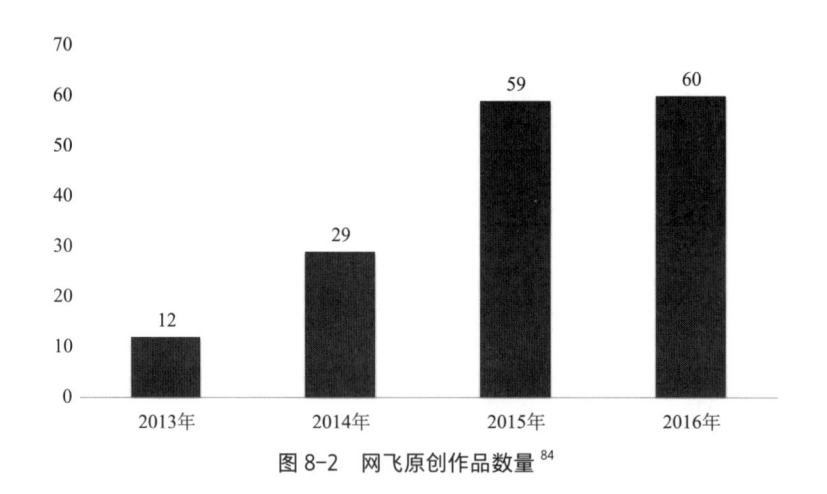

图8-2 网飞原创作品数量[84]

这种强劲战略创造的价值令人震惊。网飞的股价上涨了近100倍，最终市值达到约500亿美元（见图8-3）。

图 8-3　网飞股价[85]

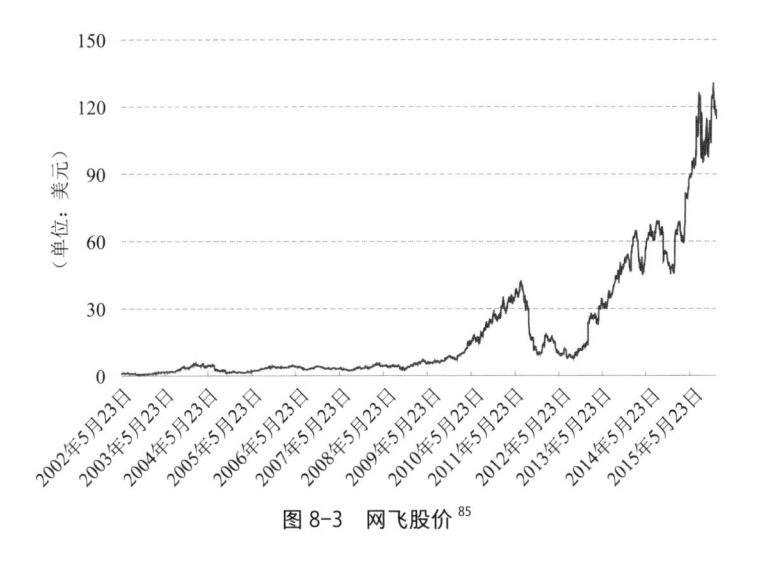

船舵只有在船移动时才起作用

亨利·明茨伯格教授在 1987 年的一篇权威文章[86]中正确地将这种过程描述为"创造",而非设计。网飞的崛起表明了企业在面对令人生畏的不确定性时在长时间内做出的明智调整。这一系列行动乃企业家之举,而不是提前规划的。

网飞上述 100 倍的股价上涨显示了最初存在的不确定性。在网飞成功之前,它的价值潜力对投资者是模糊不清的。这不是因为投资者缺乏考虑或消息不灵通,而是因为"通往战略力量的道路"不仅是未知的,还是不可知的,甚至对网飞的管理层也是如此。

以下是我们从动态战略中得出的第一个重要结论:"达成目标"

（动态战略）与"维持地位"（静态战略）完全不同。这种区别不仅适用于学术界，对实践者也是如此。例如，在早期战略咨询中，这两者经常被混为一谈：一项对静态战略的仔细研究表明较高的市场份额会带来可观回报。这激发了企业获取市场份额的本能（动态战略），通常是通过激进的价格战完成的。这样的策略通常不会创造价值，因为竞争对手随后会跟进价格战，直到市场份额增长的成本超过其收益。

这种非连续性可能会诱使你拒绝将静态战略当作理解动态战略的一种途径，但这是愚蠢的。波特教授在20年前看透了这个错误，并在一篇有先见之明的文章中提出了对我的研究方法颇有启发的观点：

> 一个将企业行为与市场格局因果关系联系起来的理论体系必须能为任何针对动态战略的理论提供基础。否则，我们不知道优秀业绩是由动态战略迭代导致，还是归功于市场地位或无效的公司技能的提升[87]。

换句话说，要评估哪些路是值得走的，你必须首先找到理想的目标。幸运的是，7种战略力量的用途正是如此，它列出了仅有的7个值得考虑的目标。

因此，我们可以回顾一下我在第一章中对网飞流媒体传奇的讨论。我们当时是通过静态战略的视角审视它，这使我们聚焦于建立战略力量基础的关键举措。

1. 竞争地位：一项吸引人的新业务。网飞率先推出的新业务让客户兴奋不已。新业务的涌入推动网飞获得了早期的相对规模优势，而这种优势一直伴随网飞左右。

2. 产业经济：原创和独家内容。这将网飞成本结构中最大的部分内容从可变成本转化为固定成本，通过创造规模经济首次巩固了战略力量。[88]

这些意义深远的突破永久地将流媒体从一个毫无吸引力、竞争激烈的大宗商品业务转变为一个有利可图的现金流生成器。这就是所谓的开辟一条"在重要市场中持续获取战略力量的路径"。我们再一次惊奇于明茨伯格的洞察力，他称这种行动为"创造"。网飞通过连续深思熟虑的实验，逐渐找到了在流媒体上占据上风的方法，再次证明了在商业中行动是战略的第一原则。可想而知，这与那些战略规划的常规分析相差甚远。

创新：战略力量之母

让我们再次回到网飞和它的流媒体业务。毫无疑问，这是一个鼓舞人心的故事，但仅仅一个故事是不够的。我在本章的目标要远大得多：帮助你弄清"我必须做什么才能在自己的业务中获取战略力量"。

在网飞的案例中，我们看到创建流媒体业务并转向原创作品推动了它"在重要市场中持续获取战略力量之路"。为了更广义地理解这个话题，让我们退一步，重新审视所有7种战略力量类型，并提出动态战略的问题："你必须做什么才能达成目标？"

- **规模经济**：为了获得第一种战略力量，你必须追求一种能够实现规模经济（产业经济）的商业模式，同时提供一种具有足够差异和魅力的产品来吸引客户并获得相对市场份额（竞争地位）。

- **网络效应**：这一战略力量的条件与规模经济相似，区别在于企业的目标是用户基数，而非销售份额。

- **垄断性资源**：你必须以有利的条款紧紧抓住有价值的资源。企业往往首先开发了这种资源，然后获得了它的所有权，最常见的途径是研发获得专利技术。

- **品牌效应**：经过很长一段时间，你通过持续的创新定位，在客户心中培养出一种超越产品客观属性的好感。

- **反定位**：你开创了一种新的、更优的商业模式。在位企业如果模仿该模式会造成连带损害。

- **转换成本**：若想获得转换成本，你必须首先拥有一定数量的用户基础，这意味着规模经济和网络效应中涉及的新产品要求在这里同样适用。

- **流程优势**：你发展出一种新的、复杂的流程，在一定时间内使自己变得不可模仿，从而能在较长时间内提供显著优势。

我们在这里涵盖了很多领域，但你会注意到一条共同的线索：每种战略力量的第一个成因都是创新，这种创新可能是产品、流程、商业模式或品牌。"我也是"是行不通的。创新指导着战略力量的创建。

任何一位商业人士凭直觉都可以接受"'我也是'行不通"的说法。行动、创造和风险都是创新之根。商业价值并非始于冷静的分析。激情、执念和对某一领域的驾驭推动了创新，因此至关重要。企业创始人坚持不懈的贡献证明了这一点。战略力量很少产生于计划。一旦企业建立起战略力量，计划可能会提升这种力量，但如果战略力量尚未存在，你不能依赖于计划。相反，你必须创造能在价值链中产生实质性经济收益的新事物。毫不奇怪，我们又一次回到了熊彼特的观点。

创新与战略力量的拓扑图

所以这种战略力量与创新的交织包含哪些元素呢？剧本通常是这样演绎的。

1. 外部条件的不断变化创造了新的威胁和机会。就网飞而言，两者兼而有之：DVD邮寄业务的最终衰落是威胁，而流媒体则是机会。

2. 不断变化的需求接踵而来，所以任何希望利用这些新需求的企业必须创新再——次强调，通过"创造"，而非"设计"。对于一家公司来说，这些结构性转变并不会频繁发生，但你可以确定它们即将到来。科技的不断进步确保了这一点。

3. 在这一片嘈杂中，你必须找到一条通往战略力量的路径。让网飞的市值增长100倍的不是它对DVD邮寄业务的微调，而是流媒体业务，因着它不可逾越的规模经济效应。

在此基础上，我现在可以绘制战略力量的动态图（见图8-4）。

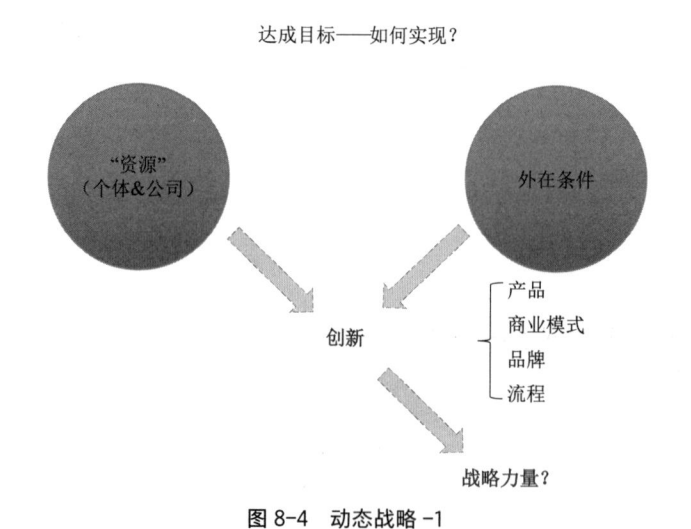

图 8-4　动态战略 -1

现在让我们把这个框架运用到网飞的流媒体业务上。[89]

- **资源**。你必须从你能承受的能力开始。按照学术惯例，我把这些能力称为"资源"。它们可能像史蒂夫·乔布斯的审美那样个人化、与众不同，也可能像谷歌的海量有序数据存储那样归公司所有。对网飞来说，它最初的 DVD 邮寄业务赋予了它大量与流媒体相关的资源，包括它的推荐引擎、用户界面、客户数据以及与内容供应商的关系等可以直接转移的技能。同样重要的是网飞现有业务的平台，这让它可以轻松地提供流媒体服务。这种服务是 DVD 邮寄服务的补充，而不是一个独立服务。这远比你想象的更重要，因为它免去了对最初的小型流媒体目录的抱怨，以及可能由此导致的致命的负面口碑。不过网飞也有很多能力需要开发。随着它积极地转向原创内容，这一系列所需的能力显著增加了。

- **外部条件**。这些资源会与由不断变化的外部条件（技术、竞争、法律等）驱动的一系列机会相交。对网飞而言，先进的前沿技术为流媒体打开了一扇门。这些技术包括半导体领域的摩尔定律以及光通信和存储领域中类似的飞速发展。这些趋势体现于高速网络连接，成本适当的数字存储和性能良好的一系列设备（显示、存储、图形处理和连接）。如果网飞更早地将赌注押在流媒体上，它就会陷入僵局，因为当时的外部条件还不成熟。

- **创新**。网飞的创新在于它的新产品方向，即流媒体、原创内容和所有相关的补充。这种创新是经过创造而非设计而成。注意在图 8-4 中来自"资源"和"外在条件"的箭头是虚线而非实线。创新的潜力可能存在，但必须有人抓住它。
- **战略力量**。网飞的最后一步是推出独家和原创内容。通过控制内容成本，网飞打造了强大的规模经济，从而获得了战略力量。在图 8-4 中还有一点值得注意，从"创新"到"战略力量"的连接也是点状的。大部分创新都无法确保企业获得战略力量。正如我之前所述，卓越的运营实际上是一个不断创新的过程，但它不会带来战略力量。

所以如果你想发展战略力量，你的第一步就是创新：突破性的产品、吸引人的品牌、新颖的商业模式。这是第一步，但它不能是最后一步。如果网飞在没有原创作品的情况下推出流媒体产品，它就会拥有一个很容易被模仿的没有差异化的业务。这种业务缺乏战略力量，对公司价值很小。

7 种战略力量正是在此发挥作用。在创新的过程中，你需要时刻关注建立战略力量的机会。7 种战略力量框架将你的注意力集中在关键问题上，增加了有利结果的概率。这是战略学可以达到的最佳贡献。当然，这不代表一切，但已经很有分量。

明茨伯格的文章提出了挑战："一门知识学科能对创造力做出

有意义的贡献吗?"或者更具体地说,"战略学对战略重要吗?"现在你知道答案了。是的,战略学很重要,但前提是它能在这些起决定作用的关键时刻引导你获取战略力量。我开发这7种战略力量正是为了这个目的,即为你提供一枚实用的战略指南针。

创新:价值二连击

到目前为止的内容希望让你收获满满。透过7种战略力量的视角,我们得出了一个至关重要的结论:战略力量是紧随创新而来的。如果你想让自己的企业创造价值,那么行动和创造力是第一位的。

但成功需要的不仅仅是战略力量,它还需要规模。回想一下战略的基本公式:

$$价值 = 市场规模 \times 战略力量$$

在静态战略(本书的第一部分)中,我们完全专注于战略力量,并将市场规模看作一个已有条件。动态战略就不一样了。想想网飞的创新(流媒体)不仅为战略力量创造了机会,还开辟了流媒体市场。这两个因素必须同时存在,才能为网飞带来100倍的市值增长。创新具有强大的价值二连击:它既打开了战略力量之门,也推动了市场规模(见图8-5)。

达成目标——如何实现？

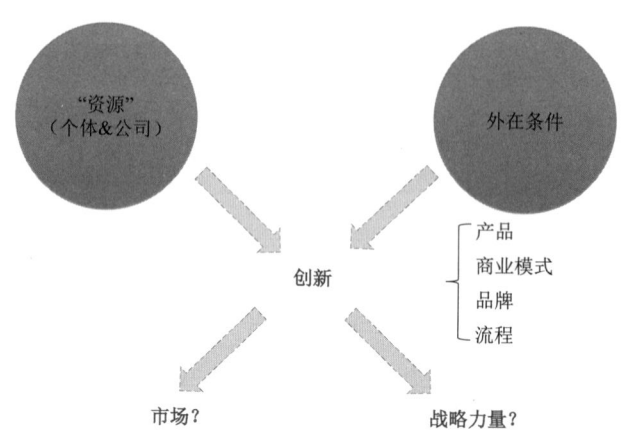

```
    "资源"                    外在条件
（个体&公司）
        ↘         ↙    ┐产品
          创新         ├商业模式
        ↙         ↘    ├品牌
     市场?        战略力量?  ┘流程
```

图 8-5　动态战略 -2

难以抗拒的价值[90]

　　创新推动了系统经济的有利变化，使你用更少的钱得到更多。你最终获得的收益将以某种方式在你的企业和价值链的其他部分之间分配。7 种战略力量的目标就是确保你获取更多收益。但真正决定市场规模的是客户体验的增长。在网飞的流媒体案例中，如果客户对这种新模式没有积极响应，那么任何创建战略力量的机会都会化为乌有。本章的剩余部分将探讨客户价值的这一方面。我将用"难以抗拒的价值"[91]来描述在客户眼中足够优秀的产品，以便读者能快速掌握这一概念。这种价值会让客户有一种"非要不可"的反应。正是这种动力推动了战略的基本公式的左侧部分，即市场规模。

为了在客户中达到"非要不可"的反应，产品的差异必须是巨大的。这种差异要达到多少才够？人们往往倾向于给出一个具体数字。受人尊敬的英特尔前 CEO 安迪·格鲁夫就是这么做的，他认为 10 倍是正确的描述。[92] 这个观点很可能是正确的，至少适用于他所从事的半导体行业。但它在其他领域并不完全成立。例如，如果光伏发电效率提高 50%，或者电池的电荷储存密度增加一倍，都有可能实现"非要不可"的目标。

若想创造难以抗拒的价值，你需要调动你的能力去提供一个产品，而该产品需要满足目前尚未有竞争对手可以满足的重要的客户需求。这种需求将推动客户购买产品（见图 8-6）。

图 8-6　难以抗拒的价值

由能力驱动的难以抗拒的价值：Adobe Acrobat

企业可以通过三种截然不同的途径创造难以抗拒的价值。每种途径都有不同的战术要求，所以我们应该把它们分开考虑。第一种是由能力驱动的难以抗拒的价值，即一家公司试图将某些能力转化为具有难以抗拒价值的产品（见图8-7）。

图8-7　能力驱动的创新

想想 Adobe 创建的阅读器 Acrobat。这里的关键能力是 Adobe 在结合软件和图形方面的娴熟度。Adobe 的联合创始人约翰·沃诺克希望利用这一专长创建一款软件，使文档能够在不同的计算机平台上共享，同时精确地保持文档的视觉完整性。

经过两年断断续续的大力摸索，Adobe 于 1993 年 6 月 15 日推出了 Acrobat 1.0。Acrobat 提供的解决方案似乎针对所有企业都面临的一个恼人问题，即文档混乱。人们对此抱有热切期待：

> 它被大肆宣传。人们的期望高得令人难以置信。它紧随快速成功的 Photoshop 之后推出。[93]

但 Acrobat 第一年的销售额仅为 200 万美元，而第二年也好不到哪儿去。技术主管鲍勃·伍尔夫保住了他的工作，但 Acrobat 总经理的岗位却频频换人。不久之后，Acrobat 2.0 也以失败告终。

最后，科技的进步（这里指互联网）为 Acrobat 创造了一个意想不到的机会。HTML 是互联网的支持语言，它使文档重整以匹配用户的平台。这在大多数情况下是可行的，但是很多文档（例如幻灯片和合同）需要保留原始文件的外观和感觉。Acrobat 满足了这种需求。Acrobat 的销售额到 1996 年底达到 2500 万美元，到 1998 年底又升至 5800 万美元。10 年后，Acrobat 成为一个近 10 亿美元的业务，是 Adobe 市值的重要贡献者。

但是这种能力驱动的举措存在不确定性：客户的需求是未知的，这使得这种努力伴随着极大的风险。事实上，这种举动的风险如此之大，以至于企业只有在早期出现可靠的壁垒时，才应该采取这些措施。还需注意的是，在这种情况下，客户表达的需求可能会有一定的参考价值，但它们也可能是极具误导性的。例如 IBM 曾鼓励 Adobe 开发 Acrobat，但后来因为该软件的缺陷而退缩。这种现象正如史蒂夫·乔布斯所说：

> 很多时候人们不知道他们想要什么，直到你展示给他们看。[94]

成功需要一家企业坚持不懈，适当地改变以适应环境的需求。这通常需要很长时间，一路也很曲折坎坷，例如 Adobe 花了五年时间才步入佳境。企业应该避免冲动之下的投入，以及随之而来的期望值增加。如果新业务是独立的，这种承诺将导致不可持续的外部融资需求。如果新业务是基于现有业务创建的，这种承诺将激起公司内部更多的反对之声。

由客户驱动的难以抗拒的价值：康宁光纤

实现难以抗拒的价值的第二种途径是由客户驱动的。在这种情况下，许多公司发现了一种未被满足的需求，但没人知道如何去满足它（见图 8-8）。

图 8-8　客户驱动的创新

康宁公司的光纤就是一个很好的案例。到 20 世纪 70 年代初，光纤（也被称为波导）已经被视为通信界的圣杯，拥有处理大幅增加的通信密度的潜力。似乎任何能制作光纤的公司都可以创造难以抗拒的价值。不幸的是，光纤玻璃所要求的透明度几乎是不可想象的。如果海洋的透明度符合要求,你可以站在马里亚纳海沟上,一直看到35798英尺[①]以下的底部。

更可怕的是,康宁的发展速度远远落后,而且资源不足。尽管康宁在玻璃制作方面实力雄厚,但它在电信领域还是个新手,与其他公司相比微不足道。就连作为世界领先的电信技术巨头的美国电话电报公司(AT&T),最近也把目光转向了光学通信领域。

这些竞争对手在寻求透明度问题的解决方法时选择了一种相当合乎逻辑的渐进方式。它们先是使用在短距离光纤中已经成功的玻璃配方,然后试图调整配方以提高清晰度。作为康宁公司的一名老员工,麻省理工学院物理学博士弗兰克·莫雷尔则选择了另一个方向。他决定使用纯二氧化硅,即一种以清晰度著称的玻璃,并试图用它从头开始制作波导。二氧化硅是一种非常难对付的材料,熔点和黏度都很高,但它有两个优势:一是它从一开始就非常清晰,二是康宁公司比其他公司更熟悉这种材料。

光纤由包层和内芯组成,而这两者间的物理界面可以防止光"泄漏"。莫雷尔和他的两个团队成员唐·凯克和彼得·舒尔茨面临如何将二氧化硅纳入核心的巨大挑战。在经历了许多死胡同之后,这个团队终于想到了使用气相沉积法在包层玻璃内部建立一层均匀的二氧化硅薄膜。

---

① 1英尺 = 30.48厘米。——编者注

1970 年 9 月，舒尔茨和凯克取出了整整一公里纤维。尽管它在包装过程中破了，但他们留下了两个很棒的样品。他们准备在一个周五下午晚些时候对纤维进行测试。舒尔茨已经回家了，但凯克急于测试纤维，担心它太脆弱。

他组建了一个测试装置，将一束红色氦氖激光对准纤维以帮助他校对。"我清楚地记得自己把纤维移过去。当激光光斑击中核心时，我突然看到一道闪光。"他回忆道（开始时较困惑）。最后他意识到光在整整 200 米长的纤维中来回穿梭……他面前是有史以来最清晰的玻璃。[95, 96]

虽然这不是故事的结局，但这种透明度的突破取得了难以抗拒的价值。光传输从根本上降低了人类一项重要需求的成本，即远距离互动。光纤很快成为 20 世纪最伟大的赋能技术之一，深刻地改变了社会的几乎每一个领域，包括工业、军事和学术界。当然，如果没有光纤，我们今天所熟悉的互联网也不可能存在。

这种情况下的不确定性是技术能力："我们能发明它吗？"

由竞争驱动的难以抗拒的价值：索尼游戏机

第三条，也是最后一条通往难以抗拒的价值的道路是由竞争驱动的。在这种情况下，竞争对手已经将一款成功的产品推向市场，而企业必须生产出比它优秀得多的产品（就整个产品而言），从而在客户中引发"非要不可"的反应（见图8-9）。

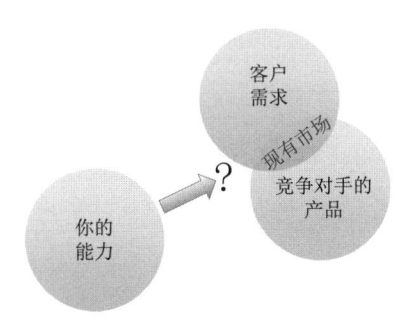

图 8-9　竞争驱动的创新

索尼的 PlayStation 游戏机显示了由竞争驱动的难以抗拒的价值。在 20 世纪 90 年代初，索尼在电子产品领域实力雄厚，但在电子游戏领域却是一个新手，面对着强大的老牌任天堂和世嘉。

先进的前沿技术再一次为先驱挑战者创造了机会。一款前所未有的产品不太可能与地位根深蒂固的在位者抗衡并在竞争中抢占先机。但索尼的久夛良木健是一位才华横溢、好胜心强的工程师，也是索尼进军电子游戏领域的关键人物。他坚信实时 3D 图像技术的突破将在客户心中激发起"非要不可"的反应。沉浸感可以把玩家带向极乐之地，而 3D 是模拟现实的一大进步，它会引发一系列左右脑反应，而 2D 则不会导致这种反应。

PlayStation 的故事有许多戏剧性的时刻，所有这些都在索尼总裁大贺典雄亲自担保的启用芯片中达到高潮：

> 1993 年 5 月，索尼执行委员会听取了久多良木健的直接上司德中和久多良木健的陈述，并在大贺典雄的领导下批准了一笔 5000 万美元的投资，用于开发位于机器核心的电脑芯片，尽管这项新业务的前景具有极大的不确定性……德中回忆说，他在签 130 万个电脑芯片的采购订单时手都在颤抖……[97]

1994 年 12 月 3 日，索尼在日本推出了 PlayStation。整个街区都排起了长队。索尼在一个月内就卖出了 30 万台主机。截至 1999 财年底（3 月 31 日），电子游戏组创造的利润占到了索尼总营业利润的 27%。到 2000 年 PlayStation 2 发布时，索尼已经卖出 9000 万台机器，完全盖过了竞争对手任天堂的 1800 万台 N64 销量，并把仅卖出 900 万台土星游戏机的世嘉远远甩在了后面。[98] 如今，在索尼寻求重塑自身的时刻，其电子游戏业务仍是其为数不多的亮点之一。

对于由竞争对手驱动的难以抗拒的价值，不确定性是双重的：（1）产品的新功能是否具有足够的差异和吸引力来推动市场份额的增长；（2）现有竞争对手的反应是否会有足够的延迟。

竞争对手驱动的创新往往需要企业一开始就做出痛苦的重大承诺。时间是有限的，而竞争对手的反应往往更迅速。企业通常需要提前与互补产品供应者做出正式安排。如果没有这种承诺，它们是不会签约的。例如在 PlayStation 的案例中，索尼必须向独立的游戏公司做出这样的承诺，以确保它们会为自己的平台开发游戏。就 iPhone 而言，苹果公司需要事先与电信巨头签约。

结论

在你的业务中发展战略力量涉及两个关键问题："我必须做什么"和"我什么时候可以做"。本章讨论了第一个问题。在下一章中，我们很快就会解决第二个问题。

对于"必须做什么"的答案为动态战略提供了重要的洞察：无论是在产品、流程、品牌还是商业模式中，战略力量都紧随创新而来。然而，大多数创新仅仅是卓越运营的表现，因此不能免受竞争套利行为的影响。因此，随着你的创新逐渐成形，你必须使自己适应战略力量的迫切需要，并时刻保持警惕。这就是我开发7种战略力量的原因——给你一个现成的指南。

史蒂夫·乔布斯以创造"精彩绝伦的产品"而闻名。这不是出于异想天开，而是深谋远虑的结果。创新不仅打开了战略力量的大门，还推动了市场规模，即战略的基本公式的另一半。

现在让我们看看另一个问题，即"何时建立战略力量"。

股票投资和作为战略指南针的 7 种战略力量

除了战略顾问之外，我还当过几十年的自主型股票投资者。我在自己的职业生涯中一直受益于从动态战略力量研究中获得的对商业价值的理解。这是我开发的完整战略工具包，其中包括 7 种战略力量。有关动态战略力量工具包的介绍请参见第九章的附录。我在这段时间内的投资结果与本书的主题有一定的相关性。我根据 7 种战略力量框架所提供的与众不同的敏锐度进行了投资，该框架描述了战略力量在市场高波动的情况下的准确预测力。此外，在高波动的情况中预先评估战略力量的演变趋势也是商业人士需要战略指南针的原因。请看一些细节。

首先，我想对战略指南针的主题进行总结。

- 我做了一个基本假设，即战略和战略学只与一件事有关：潜在的基本商业价值。我把它称为"价值公理"，它是动态战略和 7 种战略力量的基石。这一主张表明我有意缩小讨论范围。过去几十年的经历已经向我证明采用价值公理会带来许多敏锐洞见和有用结果。

- 到目前为止，对一家企业来说，最重要的"价值时刻"

发生在战略基本公式里,即市场规模和战略力量的不确定性从根本上减少的时候。届时,未来的现金流透明度将发生重大变化。

- 高度变化中的创新导致了"价值时刻"的到来,提供了企业提升市场规模和战略力量的可能性。高度的不确定性会在这段时间内持续存在,因为这些过渡通常不是线性的,而且很难预测。
- 战略学(学科)只有在充当指导实战中的"发明家"的战略指南针时才能在这一时期有所贡献,让企业家更可能找到在足够大的市场中保持战略力量的路径(战略真谛)。
- 要成为这样一种认知指南,战略框架必须简约而不简单。这就是7种战略力量的目标。

那么,这与自主型股票投资又有什么关联呢?

据我所知,7种战略力量适用于所有地方和公司。此外,它建立在基本商业价值的基础上,这也涉及一大批投资者。这是否意味着人们可以利用7种战略力量在任何公司的投资上都能获得阿尔法收益[99]?当然不是。

在几乎所有情况下,战略力量的潜力和市场规模对于精明的专业投资人士都足够显而易见。它们通常可以在历史财务数据的标记中找到。阿尔法收益取决于半强度有效市场假说（semi-strong form of the Efficient Market Hypothesis）的例外情况，即投资人需要明显的信息优势。7种战略力量在这些情况下没有提供这种优势。

人们唯一可能通过运用7种战略力量获得阿尔法收益的是信息不透明的情况，而7种战略力量可以穿透这种模糊之景。

信息不透明的主要原因是高波动性：如果一家企业处于快速变化的环境中，那么投资专家面对的信息往往有更高的不确定性，与未来的自由现金流有关。但这种高波动性也导致了"价值时刻"的波动。因此，如果7种战略力量可以帮助投资者预先在这些情况下识别战略力量而获得阿尔法收益，那么它们也有望对那些试图在足够大的市场中找到保持战略力量的路径（战略真谛）的创新者起到同样的作用。

那么我是如何遵循这种方法的呢？我是否获得了阿尔法收益？我的主动投资记录可以追溯到22年前，但我将简短地回答这些问题。我有从1994年初到2015年在市场上的4664个交易日的每日投资组合收益数据。[100]我每年的总收益如图8-10所示。

所以在这22年里，我有17年完全在市场中，有3年部分参与，2年完全退出市场。在我进行投资的20年中（17年

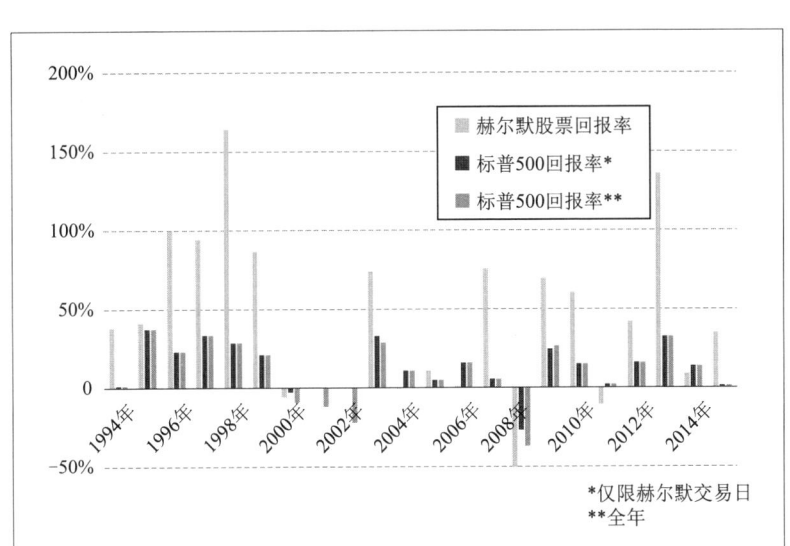

```
200% ┤
        ■ 赫尔默股票回报率
150% ┤   ■ 标普500回报率*
        ■ 标普500回报率**
100% ┤

 50% ┤

   0 ┤

-50% ┤
      1994年 1996年 1998年 2000年 2002年 2004年 2006年 2008年 2010年 2012年 2014年
```

*仅限赫尔默交易日
**全年

图 8-10　赫尔默年度自主股票投资总收益

全年参与和 3 年部分参与），我的总回报率有 14 年超过市场平均回报，有 6 年落后于市场。在我进行自主投资的这些交易日中，我获得了每年 41.5% 的平均回报率，而标普 500 的年平均回报率为 14.9%。因此，我的股票回报率每年比标普 500 高出 26.6%。[101]

然而，我高度集中的选股导致了与市场整体不同的风险状况。因此，我们还应该考虑风险调整后的回报。一种方法是去掉市场整体的影响，即贝塔收益。这就产生了 24.3% 的平均年度阿尔法收益（平均每个交易日有 9.1 个基点的阿尔法）。

由于选股高度集中[102]，我的回报波动性很大：我每年的平均回报是 31.6%，而标普 500 是 15.8%。评估与此相关的风险回报率的一个有用的方法是计算投资者"跑赢"市场的前景。我针对自己的 4664 个交易日计算了风险回报率概况。

1. 风险：如果投资者在 1 年、2 年、3 年、4 年内坚持使用我的投资策略，他们的回报低于市场平均回报的可能性有多大？[103]

2. 回报：这 1 年、2 年、3 年、4 年的平均年收益率是多少？

图 8-11 显示了这些计算。从历史上看，如果你基于这种方法持续投资 4 年，你将有大约 3% 的概率跑不赢大盘（这是你的"风险"），而这 4 年的平均回报率每年比市场高出约 30%（这是你的"回报"）。

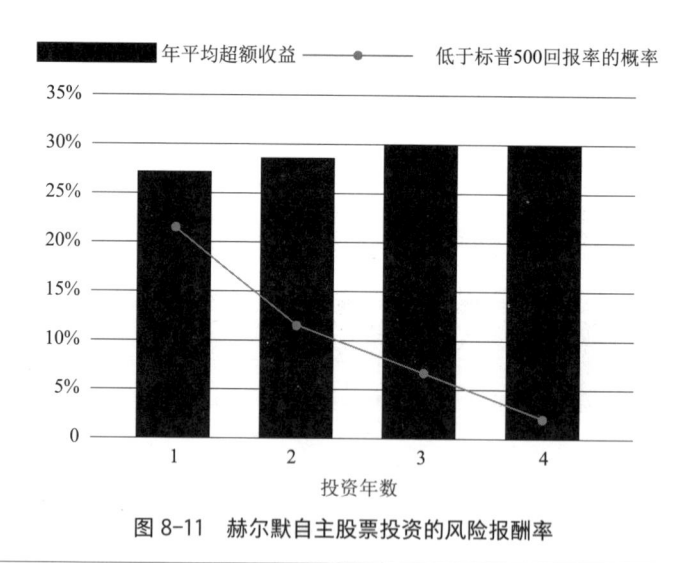

图 8-11 赫尔默自主股票投资的风险报酬率

基于这两种衡量标准，7种战略力量在过去的很长时间内带来了非常可观的回报。据我所知，没有其他的战略框架能达到这个结果。因此，作为在高波动的情况下预先识别战略力量的工具，7种战略力量的敏锐度似乎是不同寻常的。这进一步保证了7种战略力量可以在高波动性的关键"价值时刻"作为认知框架服务于商界领袖。

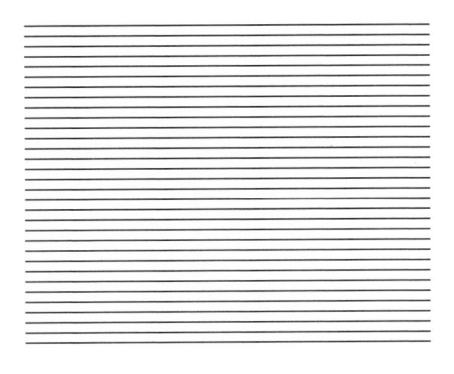

第 九 章

获取战略力量的时机

获取战略力量的时间线应该分为三个时间窗口——孕育期、增长期和成熟期。最为关键的是在增长期,经营者可以利用该阶段进行应对不确定性、信息透明化、产品调整、能力建设、渠道拓展和提升营销效率等战略布局。

英特尔从零开始

在本书序言中,我用英特尔的案例来证明战略力量在价值创造中的首要地位。英特尔的经历特别能说明问题。与其利润丰厚的微处理器业务相比,它失败的内存业务提供了一个完美的"控制样本"。[104] 英特尔的这两项业务都具有显著优势:卓越的领导和管理、深厚的技术功底、高超的制造能力、巨大的市场等。但两项业务的结果却截然不同。英特尔从内存领域痛苦地退出,但在微处理器领域却获得了持久的高利润。两者有什么区别?一项业务拥有战略力量,而另一项则没有。这两个案例强调了一点:你的企业必须获得战略力量。卓越的运营本身是远远不够的。

在前一章中,我讨论了动态战略的第一个问题:"企业必须做什么才能获得战略力量?"在那一章中达成的结论完全适用于英特尔,即这一切都始于创新。更具体地说,英特尔的战略力量始于在履行与日本计算器公司比吉康的芯片设计合同时发明的微处理器。[105]

在本章中，我将讨论动态战略的第二个问题："你何时能获得战略力量？"首先，我将就英特尔的微处理器业务回答这个问题。在此基础上，我将介绍"战略力量进程"（The Power Progression），这是一个描述企业应当何时建立每种战略力量的框架。首先，让我们来看看英特尔。

英特尔在微处理器领域的通往战略力量之路既缓慢又曲折。与大多数转型产品一样，英特尔的微处理器业务充满了分歧和不确定性。公司内部充满了反对的声音。比尔·格雷厄姆是英特尔才华横溢的销售和市场主管。他全力压制微处理器的发展，因为他不认为该业务的销量值得消耗英特尔稀缺的现金。董事会也担心这种转移业务的成本太高，但CEO罗伯特·诺伊斯和董事长亚瑟·洛克赢得了胜利，而格雷厄姆输掉了这场争斗。

如前所述，英特尔最初为日本公司比吉康设计了影响深远的微处理器，所以它必须首先买回这项发明的所有权。英特尔取得了成功，不久，它推出了最早的商用微处理器4004。在经过一些拖延后，英特尔最终同意给设计团队提供全部资金，在1972年推出了4004的继任者8008。英特尔随后进行了进一步的开发工作，最终在1978年实现了全16位微处理器8086的突破。

英特尔的外部挑战和内部挑战一样艰巨。4004并没有表现出多少对客户的吸引力。半导体是一个组件，而不是终端产品。在这种情况下，是否有市场取决于其他制造商对英特尔微处理器的评估，能否将其设计到自己的产品之中，然后将最终产品提供给消费者。这些延迟总是很明显，对微处理器尤其如此，因为它是一款如此不同凡响的产品。它对产品性能的改进不是渐进的，而是以一种完全不同的方式提供计算功能。

来自英特尔竞争对手的挑战也是超乎想象的。微处理器技术的较长采用周期为竞争对手提供了充足的时间来借鉴英特尔的经验，开发自己的微处理器产品。1978年末，英特尔震惊地发现它非但没有领先，反而失去了设计上的优势。甚至英特尔内部人士也承认摩托罗拉68000是一款更优秀的产品。之前对英特尔内存业务形成致命打击的竞争态势现在也威胁到了微处理器。

英特尔以安迪·格鲁夫推行的强硬策略"粉碎行动"（Operation Crush）作为回应，在销售和营销领域发起了一次大胆的正面攻击。英特尔管理层制定了一个激进的目标，要在一年内赢得2000项设计奖，并着手在全公司范围内实施这一改革。

这种强烈的推动力激励英特尔的厄尔·惠特斯通尝试了一个成功概率很小的销售项目，即与IBM合作。在此之前，大多数人都假设IBM将在内部依靠自己完成所有重要的半导体元器件的研发。IBM有自己的微处理器，即IBM 801 RISC，比8086强大得多。此外，IBM还有自己的内部半导体制造系统，比任何一家独立的半导体公司都大。

但IBM的境况今非昔比。它错过了小型计算机的繁荣时期，在计算机市场的整体份额大幅缩水，股价下跌。这种挫折使IBM对做生意的方法产生了新的认知，最终促成了"国际象棋计划"（Project Chess）。这是一个资金充足的项目，旨在短短一年内开发出一台个人计算机。

为了保持低成本并将延误最小化，IBM放弃了所有的常规做法。因此，英特尔的惠特斯通非常惊奇地发现美国佛罗里达州博卡拉顿"国际象棋计划"新上任的负责人唐·埃斯特里奇对与他领导的英特尔团队的合作表示欢迎。

经过艰苦奋斗，埃斯特里奇和他的团队赶在一年的截止日期前开发出了革命性的IBM个人计算机，其中包含英特尔微处理器8086的简化版8088。无人能预料到随后市场的轰动。IBM个人计算机在1981年8月12日推出，并在之后的一年里卖出了75万台。[106]每台计算机都配有微处理器8088。英特尔的微处理器终于在这里得以大显身手。

从创新到战略力量

图9-1是8088设计胜出时至2014年英特尔的股价。

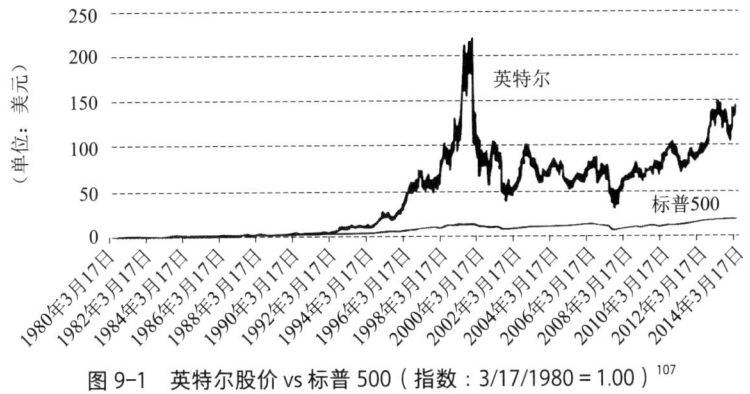

图 9-1 英特尔股价 vs 标普 500（指数：3/17/1980 = 1.00）[107]

在此期间，英特尔的市值飙升至 1000 多亿美元，并一直保持在这一水平。英特尔的股价上涨了 8500% 以上，而标普 500 上涨约 2000%。所有这些价值都来自英特尔的微处理器业务。更具体地说，它产生于 7 种战略力量中的 3 种。[108]

1. 规模经济。 借助 IBM 个人计算机业务的突飞猛进，英特尔在规模上取得了日后从未丢掉的巨大优势。这可以从以下三个方面降低单位成本。

- **芯片设计的固定成本。** 半导体设计的成本很高。英特尔能够将这一固定成本分摊到更高的产品销量上，大大降低了单位设计成本。

- **固定工厂设计成本。** 半导体工厂（晶圆厂）既复杂又昂贵。英特尔采用统一的标准设计，因此晶圆厂的设计成本在许多晶圆厂之间按比例分配，再一次降低了单个芯片的成本。

- **蚀刻技术的早期进展。** 每一代半导体都在向规模更小的部件发展，大大增加了制造和产品效率。凭借更高的需求预测，英特尔能够更快地合理缩减晶圆蚀刻宽度，随时进一步提高其单位芯片的成本优势。

2. 网络效应。 消费者不只是买芯片，他们甚至不只是买个人计算机。当购买一台个人计算机时，他们真正购买的是通过计算机上的应用程序来完成某些任务的能力。这意味着软件和硬件是相辅相成的，它们互为补充。在个人计算机销售的早期阶段，由于芯片的内存和速度限制，人们必须针对微处理器对计算机操作系统和一些应用程序进行编程。特别是 IBM 个人计算机的启动程序，即电子表格 Lotus 123 是专门为英特尔处理器编写的。微软提供的操作系统 MS-DOS 也是如此。因此，其他个人计算机制造商必须使用 IBM 的克隆程序，否则它们将没有程序。它们需要使用英特尔或与英特尔兼容的芯片。这就是网络效应的强大力量。

3. 转换成本。 如果你拥有一台个人计算机并考虑换一台别的计算机，针对芯片的专用程序会阻止你换一台使用非英特尔处理器的计算机。否则，你在当前程序中投入的所有时间都将付诸东流。

随着时间的推移，计算机操作系统和应用软件从芯片中脱离出来，很大程度上削弱了任何网络效应，但那时英特尔已经获得了巨大的规模优势。我的前搭档比尔·米切尔形容得很恰当:"用一句话概括英特尔的故事就是标准设计上的胜利,15年非常高的转换成本,然后是规模经济。"[109]

英特尔究竟是如何获取每种战略力量的?

- **规模经济**:为了建立这一优势,英特尔在个人计算机市场爆发式增长阶段结束前抢占了所需的市场份额。一旦增长稳定下来,风险是众所周知的,而销量领先者可以而且将会利用它们的成本优势击退竞争对手。
- **网络效应**:企业增长阶段的重要性在网络效应中更加明显。网络效应通常有一个临界点:一旦领先者在用户规模上取得优势,大多数用户就会发现选择领先者的产品对他们更有利。对于应用软件开发人员来说,微型计算机平台只剩下两个具有足够规模和吸引力的选择:苹果和其他个人计算机。由于缺乏有竞争力的应用程序,其他平台注定要失败。
- **转换成本**:企业增长阶段即使对于转换成本也至关重要。首先,转换成本是那些最先接触客户的企业的战略力量来源,而这些企业在增长阶段建立起大量的客户关系。其次,客户在该阶段往往很难找到供应商。因此,最终会从新客户的转换成本价值中套利的价格战没有发生。

战略力量发展：增长期

所以我们现在知道英特尔所有战略力量的来源都植根于增长阶段。再次申明，企业在增长阶段相对于竞争对手更容易形成有利的获客能力，这就是为什么企业在增长期有如此理想的获取战略力量的机会。在增长期，由于内外部环境波动巨大，企业之间竞争套利的过程被延后，从而对最终市场格局影响深远。领先者可以利用该阶段来进行不确定性应对、信息透明化、产品调整、能力建设、渠道拓展及营销效率提升等。在英特尔早期，"粉碎行动"对建立战略力量影响巨大。当市场发展进入成熟期后，企业之间的竞争不过是以来回套利为主。

企业增长率的哪个分界点标志着这段增长期的结束？这取决于环境变动和不确定性的程度，但根据我的经验，每年增长 30%～40% 似乎是一个可行的选择。按照这个标准，个人计算机市场的增长期可能从 1975 年微处理器 8080 推出开始，一直持续到 1983 年（见图 9-2）。

有了这样的认知，你可以看到英特尔在最后一刻成功了。它在关键时刻与一群微处理器领域的竞争对手拉开了距离。如果个人计算机市场在没有微处理器供应商的情况下再发展一两年，独立提供微处理器的机会将不复存在。英特尔可能会获得一些销量，但随着规模经济的机会迅速消退，它获取战略力量的前景将变得暗淡。如果另一家公司赢得了 IBM 的合同，我们今天所熟悉的英特尔就不会存在了。

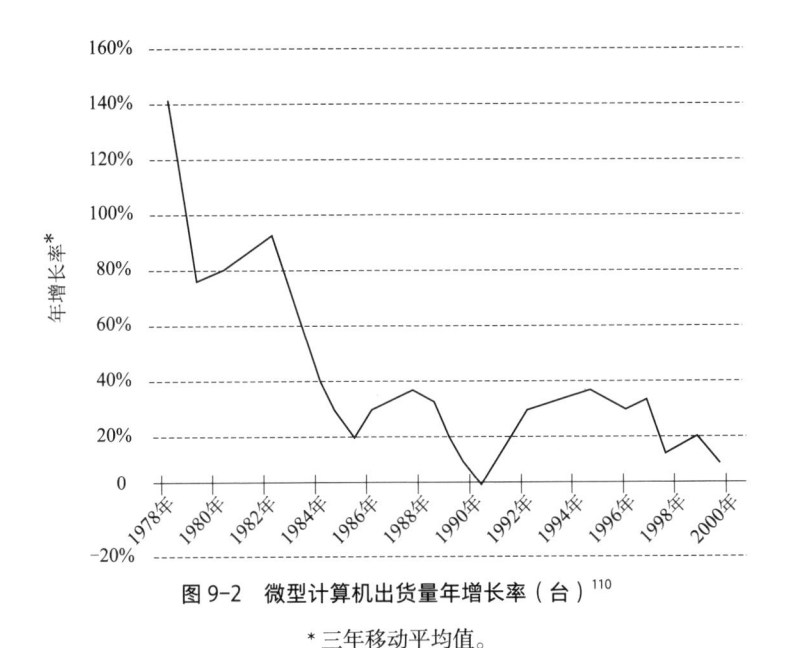

图 9-2 微型计算机出货量年增长率（台）[110]

* 三年移动平均值。

这种情况滋生了一种看似乐观的假象。企业通常会在爆发式增长阶段表现出相当优秀的财务能力。前途一片光明，长期成功似乎已成定局。不幸的是，如果一家企业没有建立战略力量，一旦增长放缓，竞争套利就会迎头赶上，均值回归的基本原则将发挥作用，而早期的有利回报将被证明是短暂的。作为一名企业战略家和投资人，每当一位 CEO 或 CFO（首席财务官）因一位资金实力雄厚的竞争对手进入他们的市场而感到高兴，坚称这"验证了市场"时，我都会不寒而栗。在 IBM 个人计算机于 1981 年推出之际，苹果公司大胆地在《华尔街日报》上刊登了一则大型广告："欢迎，

IBM，我们是认真的。"他们不理解企业在增长期获取战略力量的本质：你和竞争对手处在相对规模的竞争中，只能有一位赢家。

英特尔的经历给我们上了有关"何时获取战略力量"的重要一课，即增长期代表一个单一的时期。企业只有在增长期才能启动三种重要的战略力量：规模经济、网络效应和转换成本。如果没有在增长期实现，获取这些战略力量的机会将永远消失。

战略力量发展时间线

鉴于增长期对建立战略力量至关重要，获取战略力量的时间线应该分为三个时间窗口——增长前、增长中和增长后。

阶段 1：增长前——孕育期。这种情况发生在企业创造难以抗拒的价值之前，这时销量会迅速增加。对微处理器来说，孕育阶段包括英特尔与比吉康合作的整个时期，直到英特尔发布 8080 前所做的一切努力。

阶段 2：增长中——增长期。这是一个爆发式增长的时期。

阶段 3：增长后——成熟期。企业可能还在大幅增长，但增长已开始放缓，每年增长 30%~40% 是一个适当的速度。当高于这个增长率时，市场规模将在两年内翻一番。在这一阶段，原市场领先者即使没有做出有损价值的举动，其领导地位也很容易被超越。

需要注意的是，上述企业的增长阶段不同于众所周知的产品生命周期，即进入期、成长期、成熟期和衰退期。两者并不一致，且具有关键差异。首先，上述三个阶段是根据业务增长，而非行业增长来定义的（请看本章附录"动态战略词汇表"中的定义）。业务增长最充分地反映了企业在该业务中面临的变化程度。其次，两者的分界点完全不同：企业的孕育阶段先于我们熟悉的产品生命周期阶段，可能在很长一段时间内没有销量。另外，企业成熟期的主要特征为可观的增长，因此它与产品生命周期的最后三个阶段重叠。我用增长情况来划分企业的不同阶段。当我们试图辨别企业是否可以获得战略力量时，这种划分被证明是必不可少的。产品生命周期的阶段划分无法达到此目的。

澄清这一点后，我现在可以着手处理本章开篇提出的挑战："我们能否合理地概括战略力量是何时建立的？"我将使用与第八章相同的方法，按战略力量类型分析该问题："这7种战略力量中的每一个必须在企业的孕育期、增长期还是成熟期建立？"

将该问题进一步提炼后，我真正想问的是："我们必须在什么时候建立壁垒？"战略力量是收益和壁垒同时存在的结果。这两者在动态战略中都扮演着关键的角色。第八章展现了创新在获取收益和塑造战略力量的潜力方面的重要作用。但正如我在本书中不断提及的，收益是常见的，它们往往对企业价值没有什么积极影响，因为收益是可以被竞争对手充分套利的。真正的价值潜力存在于少数可以防止这种套利的情况下，而壁垒就实现了这一点。因此，获取战略力量往往与建立壁垒同步。

战略力量进程与壁垒的建立时间相对应。对于之前讨论的英特尔的例子，可参看图9-3。

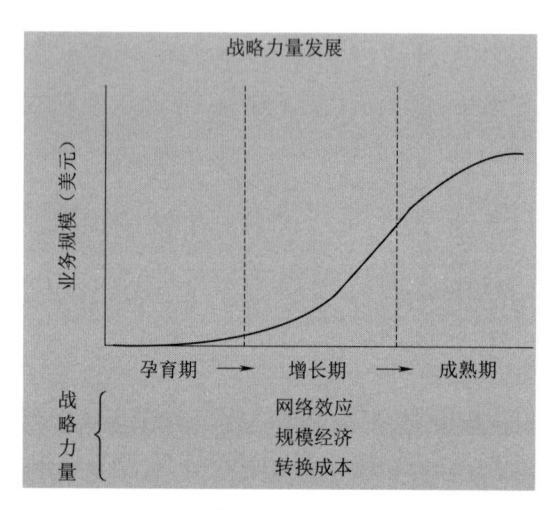

```
                    战略力量发展

业
务
规
模
（
美
元
）
                    孕育期 → 增长期 → 成熟期
战                         网络效应
略                         规模经济
力                         转换成本
量
```

图9-3　战略力量发展：增长期

战略力量进程展示了每种战略力量必须在何时建立。它指明了机会的窗口何时敞开。当然，英特尔的三种战略力量一直伴随它进入成熟阶段，使该公司的价值得以持续。然而，如果英特尔在到达成熟期时还没有建立规模经济、网络效应或转换成本，它永远不可能获得战略力量，它很可能会成为一家低利润的电子元器件公司。这是许多其他半导体公司所面临的残酷而乏味的命运，包括当时刚在内存业务上击败英特尔的日本巨头。

战略力量发展：孕育期

现在让我们把注意力转向增长期前的孕育阶段。企业通常可以在这一早期阶段最先获得两种战略力量。

垄断性资源：英特尔在微处理器领域取得胜利的关键一步是从比吉康重新获得发明所有权，这是它在增长期到来的前三年完成的。如果英特尔没有重新获得这些微处理器的所有权，另一家公司就会用垄断性资源这一战略力量对抗英特尔，可能阻止它进入这个行业。

英特尔在步入增长期之前还拥有另一项优秀的垄断性资源，即罗伯特·诺伊斯、戈登·摩尔和安迪·格鲁夫组成的强有力的三人组。亚瑟·洛克曾说过，英特尔按顺序需要诺伊斯、摩尔和格鲁夫。洛克迫不及待地为英特尔提供了投资。也许在没有这三人的情况下，其他领导或经理可能会挺身而出，但很难想象英特尔在没有他们的情况下取得成功。他们都有很强的技术能力，但每人都有其他人所缺乏的才能。事实证明，诺伊斯富有远见的领导能力在发现微处理器的潜力并给予支持方面至关重要。摩尔深厚的科学功底帮助解决了半导体早期严重的生产问题。格鲁夫对执行力的执着专注使英特尔达到了原本可能无法触及的卓越水平。将这三种能力整合到一个运转正常的高管团队中是一项艰巨的挑战，对一家创业公司尤其如此。

事实上，增长期之前的垄断性资源为许多重要的成功转型奠定了基础。例如，药品专利构成了品牌制药业务的基础，其把制药专利技术转型成一家制药公司的成功已经为股东创造了数千亿美元的价值。正是这种从一开始就有保障的战略力量前景使得制药业愿意向高风险研究项目投入数十亿美元资金。[111]

反定位：反定位需要挑战者发明一种有吸引力的商业模式，为在位企业呈现一个令人懊恼的"跟也失败，不跟也失败"的死胡同。正是基于这种反定位商业模式的产品为挑战者创造了增长机会，所以它必须发生于增长期之前，即孕育期。

因此，企业在孕育期最容易建立反定位和垄断性资源。这些都是极好、持久的战略力量类型，因为只要你执行得好，你的"通往战略力量之路"早就锁定了。我已经把这两种力量纳入下面的战略力量发展图（见图9-4）。

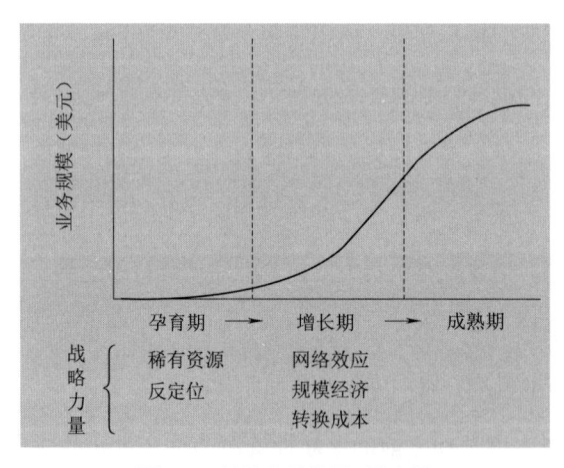

图9-4 战略力量发展：孕育期

战略力量发展：成熟期

最后，企业在成熟期有可能建立两种战略力量。

流程优势：如果一家企业随着时间的推移开发了一个明显优于竞争对手且难以被模仿的内部流程，就会产生流程优势。流程优势通常只在成熟期发挥作用。这是为何？因为只有当一家企业规模足够大、运营时间足够长时，才能开发出足够复杂或不透明的流程来对抗竞争对手的快速模仿。[112]

品牌效应：品牌力量的壁垒只有一个，即挑战者在模仿时面临的长期性和不确定性。想想新进入者在对抗爱马仕数十年精心培育的品质和独特性时将面临的困境。因为打造品牌势必经历一段漫长的过程，企业只有在成熟期才有机会建立品牌效应。在此之前，企业没有足够的时间认真培养客户对于品牌的必要好感。

你可能误以为企业在孕育期就有机会创建品牌力量。也许你正在考虑对现有的品牌进行一些改革，以进入一个全新的商业领域（见图9-5）。你有理由假设品牌的声誉可以从一开始就提供显著的定价能力。请谨慎一些，这种情况确实可能，但很罕见。想想爱马仕干邑或保时捷太阳镜之类的失败案例。或许最明显的例外情况是迪士尼进军主题公园的案例。但再次申明，这样的情况很少见。

到现在为止，战略力量的发展已经变得完整清晰，同时回答了"7种战略力量中的每一种何时开始建立"的问题。这是一种有效的

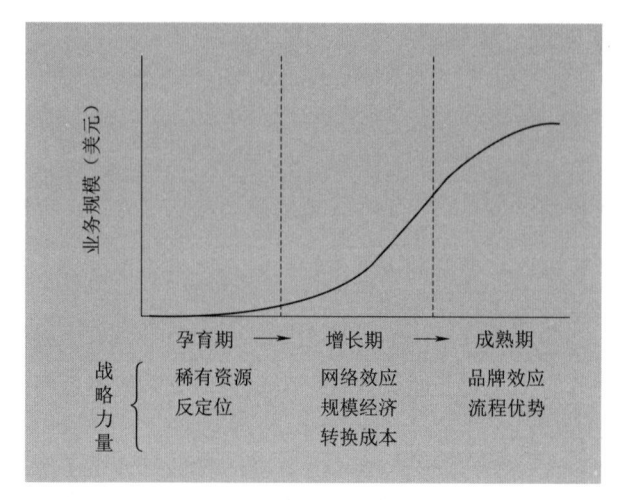

图 9-5　战略力量发展：成熟期

简略表现法，可以帮助你快速地缩小范围，找到与你的业务当前增长阶段相对应的战略力量类型。

战略力量发展还证实了波特教授的观点，即我们在应对动态战略前应先理解静态战略。只有在针对每个具体战略力量时，我们才能为有关战略机会窗口时机的关键问题找到合理答案。而这些战略力量类型是通过静态战略揭示的。

四种壁垒的时间要素

现在让我们按时间线来描述早期介绍的 7 种战略力量图（见图 9-6）。

			壁垒（对竞争对手）			
7种战略力量			不愿竞争		不能竞争	
			不确定性			
			连带损害	获取市场份额成本/收益	滞后效应	独占
孕育期	Δ成本	投入		规模经济		垄断性资源
		产品或渠道规模		规模经济		
	收益（对战略力量持有者）	产品或渠道模式	反定位			
增长期	Δ价值（⇒P↑）	更优秀的产品或服务			流程优势	
		客户喜好		转换成本	品牌效应	
成熟期		不确定性		转换成本		
		其他用户带来的收益		网络效应		

图9-6　7种战略力量的时间描述

这就引出了动态战略的另一个观点，即 4 种通用壁垒中的每一种都是特定于企业增长阶段的。这是由这些壁垒的性质造成的。

- **滞后效应**：这里的壁垒是什么？是所有企业都面临的时间常数限制。因此，企业只有在成熟期才能获得所有依赖于滞后效应的战略力量。由于增长期相对较短，企业在该阶段通常没有足够的时间来建立这类战略力量的收益，因为它受制于时间常数限制。

- **连带损害**：挑战者商业模式的经济原理可能会给在位者带来连带损害。但是启动这种商业模式是挑战者成功的关键，所以它必须发生于孕育期。

- **独占**：这里的关键问题在于企业独占的"所有权"定价是否充分。在企业增长期，随着围绕垄断性资源的商业价值的发展，该资源的价值变得更广为人知，大大降低了它被严重低估的可能性，而它必须被低估才有资格成为垄断性资源。

- **获取市场份额的成本**：当然，获取市场份额的概念在孕育期没有任何意义，因为企业在那时还没有销量。当企业开始增长时，有许多因素决定了哪家企业能最快地扩大规模，包括渠道地位、产品特点、沟通方式、位置、生产限制等。因此，获取市场份额的"代价"通常不能反映其内在的长期价值。当到达成熟期时，许多企业都会熟知且采用最有效的赚钱模式。这时客户的注意力从"我能买到吗"转向"怎么买最划算"。在这种情况下，每家企业都掌握了市场份额的价值，并会相应地进行博弈，通常通过套利来套现其价值。因此，一般来说，企业只有在增长期才能以有利条件获得市场份额，否则代价太大，不值得一搏。

战略力量发展：数据（战略力量类型频率直方图）

到目前为止，我一直依靠理论和逸事来阐述战略力量的发展。为了提供一些实证，我转向了我学生的研究。在曾经的7年里，我一直在斯坦福大学经济系教授企业战略。我让一个团队回顾了我学生所有研究论文中的战略力量实例，以确定每种战略力量是在企业的哪个阶段首次出现的。下面的频率直方图显示了筛选结果（见图9-7）。

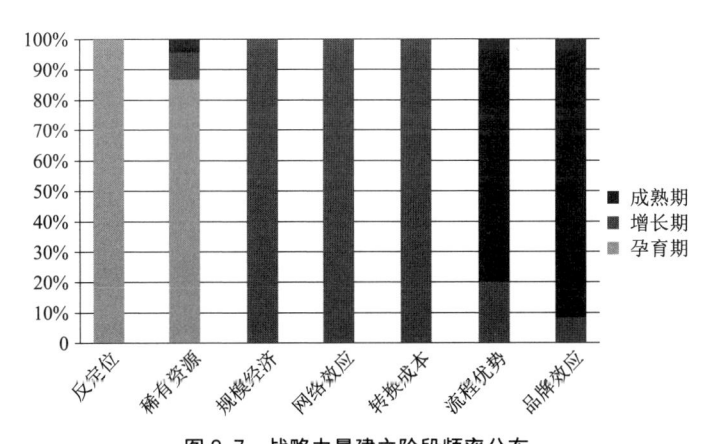

图9-7　战略力量建立阶段频率分布

这张直方图有力地支持了我早期开发的战略力量时间线。其中也有例外，但总的来说战略力量进程是被证实的。

- **孕育期**：反定位和垄断性资源。
- **增长期**：规模经济、网络效应和转换成本。
- **成熟期**：流程优势和品牌效应。

动态战略区别

本书的讨论范围在从静态战略到动态战略的转变中大幅度扩大了。在较高的层面上，我们可以在战略的基本公式中看到这一点：

$$价值 = M_0 g \bar{s} \bar{m}$$

静态战略本身只关注战略力量，因此只涉及公式中的最后两项，即 $\bar{s}$（市场份额）和 $\bar{m}$（差异化利润率）。它主要聚焦于 $\bar{m}$。相反，在动态战略中，一家企业可以深刻地影响两个有关市场规模的变量，即 M_0（当前市场规模）和 g（贴现市场增长系数）。例如，创造难以抗拒的价值与创造市场紧密相连。用经济学家的行话来说，在静态战略中，M_0 和 g 被认为是外生的，而在动态战略中，它们是内生的。

这种范围的扩大也适用于许多细节，其中卓越运营就是很重要的一点。我在讨论静态战略时解释了为什么卓越的运营不是战略力量。卓越运营是可模仿的，因此受到竞争套利的影响。在增长期的高波动、缩短的时间框架中，充分且及时的模仿变得不太可能，而和战略行动相关的优秀执行力也很有战略意义。

让我们以苹果的发展轨迹为例。Apple II 计算机在 1977 年发布。配上 VisiCalc 软件，它迅速发展起来，似乎准备好了要拥有自己的竞争地位。随后的 Apple III 计算机于 1980 年 5 月 19 日发布，比 IBM 个人计算机早了 15 个月。不幸的是，这一产品的市场份额很小，它甚至不能盈利，尽管"躺平"做得很好。Apple III 使用的是一种不成熟的电路板技术，因此从一开始就受短路困扰。苹果公司甚至一度发布了一份技术公告，指导客户从 3 英寸的高度扔下计算机以尝试重新安置掉落的芯片。更糟糕的是，这款产品很贵，起价超过 4000 美元，而高配置的价格接近 8000 美元。仅仅一年后，IBM 个人计算机的售价就降至 1600 美元。

就在重量级产品 Apple II 即将把苹果推向几乎不可逾越的领先地位的时刻，Apple III 以失败告终。这还不是全部。由于苹果控制了操作系统，它的微型计算机业务有可能享有强有力的战略力量。然而，那项业务再没有重拾光辉。苹果在增长期搞砸了。在之后的一段时间里，苹果保持着良好的业务并持续引领创新，但这些挫折使它在个人计算机市场的份额不断下降，并最终濒临死亡，只有天才史蒂夫·乔布斯才能扭转乾坤。

卓越的运营至关重要,而这一点的缺乏使苹果跌跌撞撞。对于英特尔和其微处理器业务而言,情况恰恰相反。在我看来,如果没有"粉碎行动",英特尔很可能会错过搭载到IBM个人计算机的契机,从而失去取得绝对领先的相对规模优势的机会。

"粉碎行动"揭示了静态战略视角和动态战略视角之间的另一个显著区别,即领导者的角色。作为一名价值投资者,我把沃伦·巴菲特视为我的偶像之一。我之前提到过他的观点,即优秀的管理者很少能扭转一家糟糕企业(没有战略力量的企业)的进程。我一次又一次地见证了巴菲特的这一公理在媒体上演。面对看似无可奈何的情况,商业领袖们常被指责管理能力低下。我在这里想到了雅虎、推特和Zynga。话虽如此,领导力对于建立战略力量毫无疑问是至关重要的。如果没有安迪·格鲁夫这位严苛且激进的领导,"粉碎行动"永远不会发生。再往前追溯,如果没有罗伯特·诺伊斯的领导,英特尔甚至不会发展微处理器业务。

总而言之,当你回过头来考虑战略力量最初是如何建立起来的,你会发现这个谜题有更多的组成部分,领导力、时机、执行力、聪明和运气都可以发挥决定性作用。

结论:战略指南针和7种战略力量

正如我在本书中所强调的,战略学的最高使命必须是充当实时战略指南针。为了使其履行这一指责，我们必须将它提炼成一个简约而不简单的框架。

本书的前7章一砖一瓦地建立了7种战略力量。这是你的战略指南。在最后两章中，我讨论了如何和何时建立战略力量，以明确你使用战略指南针行驶的地带。

有了这些知识作为你的工具箱，你现在已经做好周全准备，可以照亮自己通往战略真谛的道路：在足够大的市场中保持战略力量的路径。

这就是战略的意义，也是你成功所必须达成的目标。

动态战略工具箱

我开发的作为智力资本的战略学科被称作动态战略。7种战略力量是其核心框架。整个动态战略建立在7个视角的基础上,并与之紧密相连。

1. 价值公理。战略学有且只有一个目标:将企业潜在的基本业务价值最大化。

注:这是一个假设,不是证明。依据我的经验,缩小战略和战略学的讨论范围对这门学科的实用性产生了深远而积极的影响。注意,这里的价值指基本价值,而非投机价值。此外,它有关于潜在价值。实现这一价值需要卓越的运营。

2. 3S。**战略力量,即实现持久差异化回报的潜力,是创造价值的关键。**企业在同时具备这些业务属性时可以创建战略力量:

- 更胜一筹(superior)—— 提高自由现金流。
- 显著性(significant)—— 现金流的改善必须是实质性的。
- 可持续(sustainable)—— 这种改进必须在很大程度上免受竞争套利的影响。

注:在本书中,我关注的是收益和壁垒的组合。它与3S是一一对应的(更胜一筹 + 显著性 = 收益;可持续 = 壁垒)。然而,在实际应用中,战略力量的3S检验的实用性还有另一

个原因。由于它单独强调了"显著性",这种检验明确了大幅度改善现金流的重要性。例如企业经常鼓吹网络效应,但仔细看,有些网络效应并不能改善现金流,因此凡不能显著改善现金流的网络效应都不能被称为战略力量。

3. 战略的基本公式。

$$价值 = M_0 g \bar{s} \bar{m}$$

注:这个公式可以解释为价值 = 市场规模 × 战略力量。M_0 是当前市场规模,g 是贴现市场增长系数,$\bar{s}$ 是长期的平均市场份额,而 $\bar{m}$ 是长期的差异化利润率(净利润率减去资本成本)。我发现将战略学的概念与自由现金流净现值的确切决定因素明确地联系起来,可以帮助我们更清晰地思考战略学和价值之间的关系。这种联系在主动股票投资上也给予了我帮助。值得注意的是,$\bar{s}$ 和 $\bar{m}$ 是长期均衡值。它们的短期波动对基本价值几乎没有影响。

4. 战略真谛。 在足够大的市场中持续保持战略力量的路径。

注:如果你只从本书中学到一个短语,我希望是这个短语。它是对战略要素的完整陈述。它直接映射到战略的基本公式,并包含动态战略。尽管战略力量本身已经暗示了可持续性,战略真谛的定义也强调了"保持",以鼓励企业在发展业务的过程中持续叠加不同的战略力量来源。

5. 7种战略力量。

7种战略力量			壁垒（对竞争对手）			
			不愿竞争		不能竞争	
			不确定性			
			连带损害	获取市场份额成本/收益	滞后效应	独占
收益（对战略力量持有者）	Δ成本	投入		规模经济		垄断性资源
		产品或渠道规模				
	Δ价值（⇒P↑）	产品或渠道模式	反定位		流程优势	
		更优秀的产品或服务				
		客户喜好		转换成本	品牌效应	
		不确定性				
		其他用户带来的收益		网络效应		

注：据我所知，企业可用的战略仅限于这张图上的7种战略

力量类型。如果你面对每位竞争对手（当前和潜在的，直接的和替代品的）没有这7种力量中的至少一种，你就无法在足够大的市场中开辟一条保持战略力量的路径，因此缺乏一个可行的战略。在我职业生涯中处理的200多个战略案例中，这7种战略力量已经足够了。我的学生研究的所有案例也是如此，可能还有200多个。

除了全面详尽，7种战略力量的另外两个特点加强了它的实用性。

其一，范围小。 你要面对的关键战略问题是：（1）"我现在拥有什么战略力量？"（2）"我现在需要建立什么战略力量？"7种战略力量告诉你第一个问题只有7种可能答案，而你通常可以很快排除其中几种。战略力量的发展时间线告诉你，在企业任何的成长阶段，你最多可以探索3种新的战略力量。这种聚焦是难能可贵的。如果你看不到通往这7种战略力量之一的路径，那么你的战略问题还没有解决。

其二，可预期。 这些战略力量的潜力通常在企业可以详细预测之前就已经很明显了。我在与处于早期阶段的硅谷公司和考虑新方向的成熟公司合作时发现，在相当早期的阶段就有可能就战略力量的潜力进行有意义的探讨。[113] 我的投资结果也表明了战略力量是可以事先预测的。

6."我也是"行不通。 战略的第一个成因是创新。

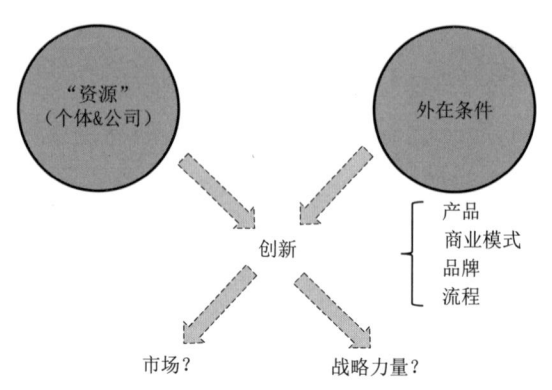

```
    "资源"                    外在条件
  （个体&公司）
       ↘           ↙      ┌ 产品
                          │ 商业模式
         创新             ┤ 品牌
                          └ 流程
       ↙           ↘
    市场？         战略力量？
```

注：当战略力量首次以可接受的确定性建立时，企业价值就会发生根本性变化。在观察这7种战略力量时，我们可以看到它们总是涉及一种创新，无论是有关产品、商业模式、流程，还是品牌。最终，这种创新会带来体现于产品属性的收益，可以是产品特性、价格或可靠性。衡量这种收益是否充分的标志通常是"难以抗拒的价值"，在客户中间引起"非要不可"的反应。有三条路径可以实现难以抗拒的价值，即能力驱动、客户驱动和竞争对手驱动。这三种路径各自提出了截然不同的战术要求。

我认为这些关系有一个有利的重要结论。创新不仅是通往战略力量的大门，战略力量（以及与之相关的持久成功）的可能性也为创新提供了动力。例如，如果没有战略力量的前景，那么我怀疑硅谷也不会存在。因此，从静态战略的角度来看，对战略力量的追求似乎是一场防止利益流向消费者的零和博弈。但从动态战略的视角来看，获取战略力量的可能性才是企业创新的关键动力。一项创新只有在顾客一拥而上的情况下才有吸引力。这当然是用脚投票的消费者利益增加的一个确定标志。这种动态视角当然应该激励创新规则的制定者。

7. 战略力量发展。

注：不同的战略力量类型为你的企业提供了在业务发展的不同时期建立壁垒的机会。明白这个窗口何时打开和关闭对于识别与抓住机会大有益处。企业增长期和成熟期之间的间隙是当单位增长率低于每年 30%~40% 时。这是一个业务阶段框架，不应该与产品生命周期的进入 / 成长 / 成熟 / 衰退的产品阶段相混淆。它们具有明显不同的阶段划分点。孕育期可以包括产品生命周期模型中没有涵盖的产品筹备阶段，而产品生命周期模型中的成长阶段包括战略力量进展中的增长和部分成熟阶段。这些差异在评估战略力量的可能性时确实很重要。

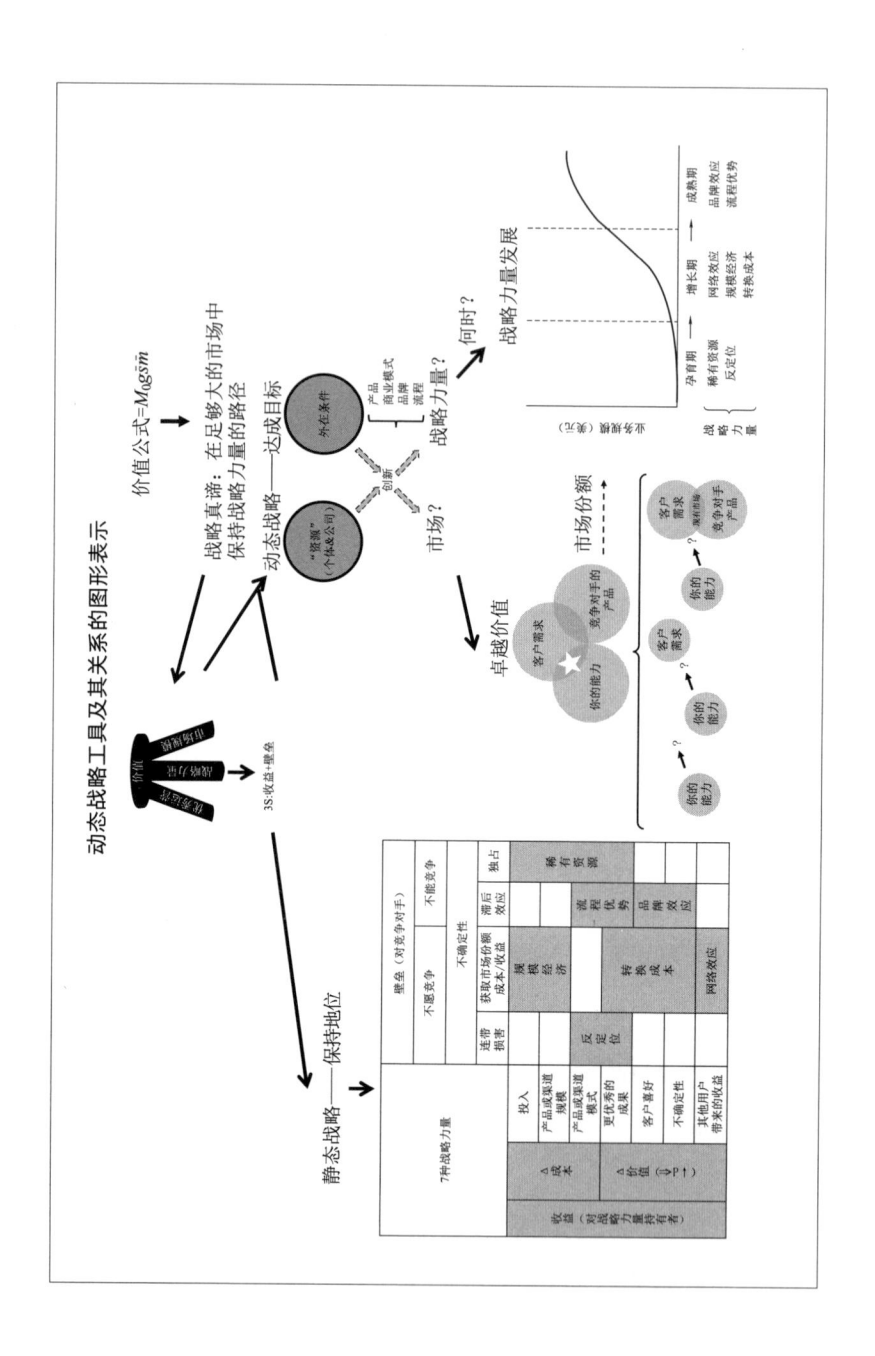

动态战略工具及其关系的图形表示

动态战略词汇表

词 语	定 义
战略学（Strategy）	战略学是一门知识学科，有时被称为战略管理。我将其定义为对公司潜在商业价值基本决定因素进行研究的学科。
战略力量（Power）	持久差异化回报所需的一组条件。战略力量既需要收益，即大幅度增加现金流的事物，也需要壁垒，也就是使收益带给企业的所有价值不会被竞争套利掉的条件。
战略（strategy）	战略是企业独立战略经营单元获取潜在价值的途径。我将其定义为在足够大的市场保持战略力量的路径。
价值（value）	一项活动的基本企业价值。这反映为活动事后为企业带来的回报（自由现金流）。投资者对这些随时间折现的回报的预期预先决定了该活动的价值。
动态战略（Strategy Dynamics）	对战略随时间发展的研究。
静态战略（Strategy Statics）	对某一时间点战略定位的研究。
产业（industry）	产品具有高度可替代性的一群企业。
业务（business）	某个企业独立战略经营单元的经济活动。所谓的战略独立经营单元是指其战略力量与企业其他战略经营单元的战略力量完全不同。
市场（market）	某一行业中所有公司的收入总规模。
产业经济（industry economics）	某一特定产业的经济结构。例如，在受高固定成本驱动的规模经济中，经济结构是由固定成本占公司总成本的比例来衡量的。
竞争地位（competitive position）	用战略力量对公司地位的描述。例如，规模经济是与最大的竞争对手相比的相对规模。
领先者剩余（Surplus Leader Margin）	在市场定价使得没有战略力量的竞争对手利润为零时，拥有战略力量的公司能获得的利润。这并不一定是一种期望的数学公式，而是战略力量持有者所拥有的战略杠杆的良好标志。领先者剩余等于战略基本公式中的 $\overline{m}$（长期的差异化利润率）。如果没有战略力量的公司经历了竞争套利，其长期收益仅为资本成本，且其资本成本与有战略力量的公司是一致的。

第九章 获取战略力量的时机

致　谢

这本书浓缩了我在数十年的咨询、投资和教学中所学到的战略知识。这些年来，我与太多有思想的人互动并从中受益，一时间我想不起所有人的名字。我会提到一些名字，但对于那些被遗漏的人，我请求你们原谅。

首先，我要感谢我在这个项目上的斯坦福合作人尹裴玲。裴玲是一位思想深刻的战略学者。我们许多精彩的谈话大大促进了我的思考。她曾一度签约成为本书的合著者，甚至还起草了三章的早期草稿。遗憾的是，她因工作原因不得不退出这个项目。尽管如此，她的许多见解对本书产生了持久影响。

我的编辑布莱尔·克劳伯每一步都伴我左右，本书的每一段他都仔细审阅过。和他合作总是很愉快。事实证明，他非常善于润色我的文字，同时保留我的语言风格和逻辑。如果没有他的帮助，这本书会面目全非。

多年来，我服务过的众多咨询客户对我有很大帮助。他们提出的问题是我理解战略学的基础。在我几十年的工作中，有一些人在我的记忆中格外志趣相投又启发我思考，他们分别是平克顿公司的丹尼斯·布朗、约翰·汉考克公司的德里克·奇尔弗斯、Adobe公司的布鲁斯·奇曾和布莱恩·拉姆金、伽利略光电公司的比尔·汉利、网飞的里德·哈斯廷斯、明导的格雷格·欣克利、惠普的约翰·迈耶斯、马肯公司的吉姆·普特南、瑞侃公司的马克·汤普森和韶华科技公司的鲍勃·威尔逊。和上述的每位合作都很愉快。他们的实战经验和探索智慧使我的思考更加聚焦，是其他任何途径都无法达到的。

我的许多颇有成就的斯坦福学生的敏锐、勤奋和热情不断地激励我。我要特别感谢戴维·谢乌对垄断性资源的细致分析。通过向我的学生传达战略学这门复杂的学科，我大大改善了书中的概念。此外，许多学生参加了我组织的与本书主题相关的研究小组。他们的努力为本书中提出的观点做出了重要贡献。能成为他们的老师是我的荣幸。

斯坦福大学经济系给予了我们非同寻常的支持。与我在那里才华横溢的同事不同，我没有走学术经济学家的道路。但我的课程在系里还是广受欢迎，我也可以自由地按照自己认为合适的方式教授这门课程。我要特别感谢我在耶鲁的同学约翰·舒文，是他第一个向斯坦福提出我在那里教书的想法。约翰最近从斯坦福大学经济政策研究所主任的位置上退休了，但他对那里的影响深远。我还要感谢拉里·古尔德，他在我刚开始在斯坦福任教时担任系主任。拉里对我的教学方法持开放态度并给予细心支持，让我有了一个很好的开始。

我在研究生毕业后有幸在贝恩公司就职，这点燃了我对战略学的毕生热情。这种职业道路如今对经济学博士来说并不罕见，然而在当时极少有人做这种选择。比尔·贝恩在我身上下了赌注，为此我永远感恩戴德。在我最初的面试中，我和他讨论了其他面试官指出的一个问题，即我并没有获得MBA（工商管理硕士）学位。他回应道："别担心，我也没有MBA学位。"事实很快证明贝恩公司是我理想的工作场所。在敏锐的同事的围绕下和更有经验的前辈的指导下，我沉浸在一个又一个精彩的案例中。我现在的战略资本合伙人约翰·卢瑟福在早期给了我格外细心的指导。

耶鲁有世界一流的经济系，但它也是一个热情友好、非常人性化的机构。我在那里有幸结识比尔·帕克，他成为我的朋友、导师和论文委员会主席。比尔是一位思想深刻的人文主义者，拥有敏锐的洞察力且幽默机智，他周围的浮夸之人恐怕要遭殃。我也很感激结识比尔·布雷纳德，我在耶鲁的第一学期选修了他的微观经济学理论课程。他的才华和引人入胜的教学直到今天依然启发着我，尽管我现在只依稀记得加边海森矩阵。

有许多读者参与到本书的改进中，他们好心地浏览了部分内容并提出了建议。巴克莱全球投资者公司的前CEO布莱克·格罗斯曼和安硕前COO（首席运营官）迈克·莱瑟姆为第三章提供了建议。甲骨文公司前CFO杰夫·艾普斯坦为第四章提供了建议。量子国际总裁拉里·丁特为第八章的附录提供了建议。皮克斯电影导演彼特·道格特为第六章提供了建议。明导CEO沃利·莱恩斯和Spinoff & Reorg Fund组合基金经理比尔·米切尔为英特尔有关的内容提供了建议。网飞CEO里德·哈斯廷斯为序言提供了建议。Coursera联合创始人兼前总裁达芙妮·科勒为全书提供了建议。

我为本书组建了一个优秀的制作团队：1106设计团队负责整体排版，丽贝卡·布鲁姆负责文字编辑，艾琳·扬负责封面设计和网页布局，我的斯坦福大学学生凯瑟琳·艾弗斯不断地完善设计。在本书漫长的酝酿过程中，他们既专业又有风度。

这本书以对我家人的献词开始，所以应该以对他们的致谢结束。首先要感谢我的妻子拉利亚。她在我创立咨询公司的艰难岁月里一直鼓励我，并全力支持我一心一意推进战略学的概念。我们每次度假时，她都强调度假的潜在价值是给我一个安静的地方思考。实不相瞒，我在墨西哥一个宁静的海滩上形成了对7种战略力量的构思。我的三个孩子也做出了很大贡献。我的女儿玛格丽特用她敏锐的眼光审视了本书的整体视觉效果，并将她的美学见解贯穿全书。我的儿子埃德蒙提出了图表方面的建议，并提出了本书的英文副标题。我的儿子安德鲁仔细阅读了整本书，指出了许多错别字，也帮助完善了几处内容的逻辑。我深受他们的爱和支持。

参考文献

学术界已经有大量关于战略学或战略管理（圈内常用此名称）的优秀著作。如果读者希望探索该领域，以下这些优秀的参考书目是一个很好的起点：

1. http://global.oup.com/uk/orc/busecon/business/haberberg_rieple/01student/bibliography/#m

2. http://www.nickols.us/strategy_biblio.htm

3. https://strategyresearchinitiative.wikispaces.com/home

麦吉尔大学的亨利·明茨伯格教授（http://www.mintzberg.org/resume）、哈佛大学的迈克尔·波特教授（http://www.hbs.edu/faculty/Pages/profile.aspx?facId=6532）和加州大学伯克利分校的戴维·提斯教授（http://facultybio.haas.berkeley.edu/faculty-list/teece-david）引人入胜的学术研究对我的影响尤其重大。

注释

序言

1. 最初叫作"NM 电子公司"（NM Electronics）。
2. 这种把竞争套利中的"失败"单独摘出的做法是经济学中产业组织领域的一个主要假设，该领域主要研究和完美市场竞争理论相违背的市场表现。
3. 这一词是保罗·奥唐纳在 Helmer & Associates 工作时发明的。
4. 我非常赞同塞隆纳的结论，即博弈论对战略学最重要的贡献是"比喻性"胜过实用性。他的意思是博弈论的假设基于有一群消息灵通、有足够动力且试图发挥自己最佳水平的参与者。参见：加斯·塞隆纳，"建模、博弈论和战略学"，《战略学杂志》，12: S2 (1991): 119–136，印刷版。
5. 我们可以观察到的公司市值是 NPV 加上任何"过剩"资本（例如资产负债表上不需要的现金）。公司市值的变化反映了当前公司股价的波动，其数值从绝对价值（净现值）变成相对价值（市值）。如果 NPV 公式将启动资金作为负数项代入，这一项也必须加回来。
6. 一个对于 FCF 的简单总结：https://en.wikipedia.org/wiki/Free_cash_flow#Difference_to_net_income。
7. 该公式背后包含一些可接受的简化假设。序言的附录包含该公式的推导过程，并明确地指出了这些假设。
8. 差异化利润率是更重要的变量，因为与市场份额不同，它不受 ≥ 0 的限制。然而，这里可能存在一些微妙的市场份额和利润率间权衡利弊的问题。例如，如果一家公司接受了其市场份额逐步下降的结果，由于价格伞效应，该公司仍可能在相当长的一段时间里提高其差异化利润率。
9. 通过假设 $\overline{m}$ 和 $\overline{s}$（战略力量的标志）在所讨论的时期内是常数，战略的基本公式得以简化。企业在任何时间点的基本价值都源于对其未来自由现金流的预期。随着英特尔的发展，竞争对手越来越难以套利，人们对其 $\overline{s}$ 和 $\overline{m}$ 的预期也随之改变。
10. 在制定战略时需要同时考虑现有和潜在的竞争对手。这种做法在经济学中也有很长的历史。参见：威廉·J. 鲍莫尔，约翰·C. 潘扎，罗伯特·D. 维里希，伊丽莎白·E. 贝利，迪特里希·费舍尔，"可竞争市场：产业结构理论的兴起",《美国经济评论》,72(1), (1982, 5月): 1–15 印刷版。

11 在第三章讨论反定位时,我会涉及其他业务单元对决策的影响。

12 "不简单"是"详尽"的另一种说法。一个知识框架需要涵盖几乎所有情况才能成为对人们有用的认知指南。为简化而省略掉一些罕见的情况通常在人们的接受范围内。如果我们认可商业价值是任何业务的首要目标,那么我们可以通过数学推算明白战略的基本公式以及我对战略力量、战略学和战略的定义都是详尽的。而我是依据过往经验断定7种战略力量是一个详尽的战略框架。这7种战略力量足以涵盖我作为企业战略顾问处理过的数百个案例,以及我在企业界和学术界的学生所分析过的案例。现实中的战略力量类型可能不止7种。在满足战略力量的定义和战略的基本公式的前提下,它们可以简单地添加到列表里。从"7种战略力量图"中,我们不难看出纵向一列的内容是详尽的——它们只是正现金流的驱动因素(在文中有适当简化)。那么横向的四种壁垒是全部的壁垒类型吗?我对此有一些想法,但这远远超出了本书的范畴。

13 我要感谢耶鲁大学的威廉·布雷纳德,他帮助我们思考这个推导过程中的终值问题。当然,他对我可能犯的过失不负任何责任。

第一章

14 这里的战略力量类型是反定位,将在第三章中涉及。

15 http://www.webpreneurblog.com/adapt-or-die-netflix-vs-blockuster/。

16 网飞也有过其他竞争对手,例如从不同角度进入该行业的HBO。网飞同样需要战略力量应对这些竞争对手。面对HBO和类似的竞争对手,网飞的战略力量来自我在第三章中介绍的反定位。

17 为了简单起见,这里不考虑第三条改善现金流的途径,即减少投资需求。

18 《纽约时报》的一篇文章详细描述了网飞当时所犯的一些错误: http://www.nytimes.com/2013/04/27/business/netflix-looks-back-on-its-near-death-spiral.html?pagewanted=all&_r=0。

19 https://finance.yahoo.com/。

20 第一章的附录有该公式的推导过程。

21 用经济学家的话讲，两项都是内生变量。

第二章

22 网络效应在经济学文献中有很好的论述，所以我在本书的论述会很简短。对于想在该领域细心研究的人，我推荐夏皮罗、卡尔和哈尔·范里安，《信息规则：网络经济的策略指导》，波士顿：哈佛商学院出版社，2013，印刷版。
23 数据来源：http://www.ere.net/2012/06/23/branchout-keeps-falling-down-down/。
24 这一公式的推导过程详见第三章的附录。
25 http://www.forbes.com/quotes/9638/。

第三章

26 https://www.vanguard.com/bogle_site/lib/sp19970401.html。
27 https://about.vanguard.com/who-we-are/a-remarkable-history/。
28 http://www.icifactbook.org/fb_ch2.html#popularity。
29 参见：西奥多·莱维特，"营销短视"。这是一篇精彩的文章，引发了有关业务定义的长久且深入的讨论。这种能力的缺乏在支持企业资源观的文献中有很好的记载。
30 参见：理查德·R.尼尔森，西德尼·G.温特，《经济变迁的演化理论》，剑桥：哈佛大学出版社，2009，印刷版。
31 从FES的角度来看，颠覆性技术说明了等式左边的信息（市场规模），但不涉及等式右边的信息（战略力量）。

第四章

32 http://www.computerworld.com.au/article/542992/sap_users_rattle_sabers_over_ch friendly_fiori_apps/。
33 http://www.amasol.com/files/sap_performance_management_-_a_trend_study_by_compuware_and_pac.pdf。

34 http://www.socialmediatoday.com/content/guest-post-back-popular-demand-basic-maintenance-offering-sap。

35 http://www.cio.com.au/article/181136/hp_supply_chain_lesson/?pp=2。

36 https://finance.yahoo.com/。

37 http://www.cio.com.au/article/181136/hp_supply_chain_lesson/。

38 https://finance.yahoo.com/q/hp?s=SAP+Historical+Prices。

39 参见：约瑟夫·法雷尔，保罗·克伦佩雷尔，"协调和锁定：具有转换成本和网络效应的竞争"，《产业组织手册3》（2007）：1967-2072，印刷版。

40 如果转换成本是通过定制或整合到客户的业务中产生的，客户也可能会认为当前产品的质量比竞争对手的产品更好。在这种情况下，企业可以为质量更好的产品收取更高的价格，但其竞争对手不能以低价与之抗衡。

41 在本书中，我使用"产品"一词来统称产品或服务。

42 参见：托马斯·A.伯纳姆，朱迪·K.弗莱尔斯，维贾伊·马哈詹，"消费者切换成本：类型学及前因后果"，《营销科学学报》，2003，31:2，pp. 109-126，印刷版。

43 请注意关系类转换成本和品牌效应之间的区别。如果企业获取更高产品溢价的能力是由于客户在实际拥有该产品或服务之前就对该品牌产生好感，我们把这种溢价称为品牌效应。如果它仅仅产生于购买产品后的体验，它就是转换成本。为跨越这道壁垒，挑战者需要利用品牌力量为客户创造相似且积极的关系类体验，以取代客户对现有供应商的偏好。

44 在第九章中，我将阐明企业的起飞阶段是需要建立转换成本这一战略力量的阶段。这种情况导致了这一结论：在起飞阶段后，竞争套利现象会消除转换成本的收益，这意味着企业将不再拥有该战略力量。

45 https://en.wikipedia.org/wiki/List_of_SAP_products。

46 https://en.wikipedia.org/wiki/SAP_SE。

47 https://en.wikipedia.org/wiki/SAP_SE。这些并购发生了1991—2014年。

48 https://en.wikipedia.org/wiki/SAP_SE。

第五章

49 http://abcnews.go.com/GMA/Moms/story?id=1197202。

50 http://www.tiffany.com/WorldOfTiffany/TiffanyStory/Legacy/BlueBox.aspx。

51 YCharts.com。

52 https://finance.yahoo.com/。

53 http://investor.tiffany.com/releasedetail.cfm?ReleaseID=741475。

54 参见：亚历山大·罗塞思琪，"全新的世界：任天堂的目标选择"，商业案例研究期刊（JBCS）8.2 (2012): 197–212，印刷版。

第六章

55 http://www.rogerebert.com/reviews/toy-story-1995。

56 http://boxofficequant.com/23/。其数据来自 www.the-numbers.com。

57 相对于电影成本的票房收入反映了一部电影的盈利能力。当然，该图只显示了美国票房，不包括院线以外的收入来源。

58 摘自与汉密尔顿·赫尔默的私人通信。

59 参见：戴维·A. 普莱斯 (2008)，《皮克斯传奇》，纽约：克诺夫出版社，p. 107，印刷版。

60 如果布拉德·伯德的经历很常见，即一位确有才华的导演通过加入皮克斯首次获得了商业上的成功，那么人们可能会说其中有更深层次的成因。但是，到目前为止，布拉德·伯德的经历是独一无二的，因此我没有得出这样的结论。

第七章

61 https://en.wikipedia.org/wiki/Ford_River_Rouge_Complex。

62 http://www.inboundlogistics.com/cms/article/the-evolution-of-inbound-logistics-the-ford-and-toyota-legacy-origin-of-the-species/。

63 http://www.thehenryford.org/exhibits/modelt/pdf/ModelTHeri-

tageSelfGuidedTour_hfm.pdf。

64　https://en.wikipedia.org/wiki/Planned_obsolescence。

65　参见:《经济学人》，7月17日，2015,"超级跑车和超级演绎"。

66　参见: 史蒂文·斯比尔和 H·肯特·伯恩,"破译丰田生产体系的 DNA",《哈佛商业评论》第77期，第5刊（1999年9—10月）: 96-106, 印刷版。

67　http://www.thisamericanlife.org/radio-archives/episode/403/transcript。

68　https://finance.yahoo.com/。

69　学术界将其称为战略管理。

70　参见: M·E. 波特."什么是战略?",《哈佛商业评论》第74期，第6刊（1996年11—12月）: 61-78, 印刷版。

71　如前所述，在动态战略中，卓越的运营能力对某些战略力量类型来说至关重要。

72　参见: L. 阿尔戈特和 D. 艾普尔,"制造业的学习曲线",《科学》247.4945 (1990): 920-24, 网页版。

73　在这种情况下，每家公司都会展示一个类似的倾斜的经验曲线，彼此平行，并根据它们的"经验"差异进行水平位移。

74　参见: 赫伯特·A. 西蒙,"有限理性与组织学习",《组织科学》2.1(1991):125-34, 网页版。

75　参见: 乔纳森·R.T. 休斯,"经济史中的事实与理论",《经济史探索》第3期，第2刊（1966）:75-101, 印刷版。

76　参见: 哥印拜陀·K. 普拉哈拉德,"核心竞争力在企业中的作用",《研究技术管理》36.6（1993）: 40, 印刷版。

第八章

77　"战略力量 = 收益 + 壁垒"是开放且详尽的。基于过往经验，我认为本书介绍的 7 种战略力量是详尽无遗的。这 7 种力量涵盖了我在职业生涯中处理过的每一个战略案例，以及我的学生研究的每种情况。但是如果日后出现更多的战略力量类型，我可以把它们纳入其中。无论这些力量有什么特征，它们必须满足收益 + 壁垒的要求，否则战略的基本公

式中的 $\overline{m}$（长期的差异化利润率）数值不会高，也就因此无法产生价值。

78　http://www.inc.com/magazine/20051201/qa-hastings.html。

79　同上。

80　http://techcrunch.com/2011/01/27/streaming-subscriber-growth-netflix。

81　http://allthingsd.com/20100810/its-official-epix-netflix-announce-multi-year-deal-for-streaming-movies/。

82　http://deadline.com/2011/03/netflix-to-enter-original-programming-with-mega-deal-for-david-fincher-kevin-spacey-drama-series-house-of-cards-114184/。

83　http://www.nytimes.com/2015/04/20/business/media/netflix-is-betting-its-future-on-exclusive-programming.html?_r=0。

84　https://en.wikipedia.org/wiki/List_of_original_programs_distributed_by_Netflix。

85　https://finance.yahoo.com/。

86　参见：亨利·明茨伯格，《战略创意》，波士顿，马萨诸塞州：哈佛商学院出版社，1987: 65–75，印刷版。

87　参见：迈克尔·E. 波特，《迈向动态战略理论》，战略，管理，《战略管理杂志 12》，S2(1991):95–117，网页版。

88　在第一章的注释中，我使用了经济学家的术语"内生"。这与产业经济有关，意思是企业本身可以影响这一点，而不是认为这超出了它们的控制范围。流媒体就是一个很好的例子。网飞改变了所属行业所有公司都面临的经济特征。

89　我的图中的箭头用虚线表示可能性，不保证结果。资源加上外部环境的变化不一定导致创新，而创新也不一定会引向战略力量。网飞本可以轻易决定不进入流媒体领域，或者它可能进入流媒体领域，但弄砸了原创作品。

90　我在 Helmer & Associates 公司善于思考的合伙人鲍勃·曼兹发明了这一术语。

91　与本书前面的讨论内容不同，这里的价值指对客户的价值，而不是对提供产品的公司的价值。不过我们可以通过在难以抗拒的价值的定义中加入一个条件，即产品定价可以实现可观的利润，从而满足战略力量收益增加的要求。

92 参见:安迪·格鲁夫,《只有偏执狂才能生存》,纽约:Currency Doubledayc 出版社,1996,印刷版。

93 参见:汉密尔顿·赫尔默对 Adobe 的鲍勃·伍尔夫的采访。

94 参见:《商业周刊》,5月25日,1998,引用于 http://archive.wired.com/gadgets/mac/commentary/cultofmac/2006/03/70512?currentPage=all。

95 参见:杰夫·赫克特,《光之城:光纤的故事》,纽约:牛津大学出版社,1999:139,印刷版。

96 我就这项发明采访了舒尔茨博士。彼得在圣托马斯的家中仍保留着这一重要实验的大量样本。

97 参见:约翰·内森,《索尼:人物和产品背后的非凡故事》,伦敦:哈珀柯林斯商业出版社,1999:304,印刷版。

98 参见:罗伯特·A.伯格曼和安迪·格鲁夫,《战略就是命运:战略如何塑造公司未来》,纽约:Free 出版社,2002,印刷版。

99 阿尔法收益是对风险进行适当调整后,高于仅投资大盘指数的收益。

100 这22年涵盖了我为自营账户和战略资本公司进行股票投资的时期。我在两个时期中完全从上市股票中退出,而这两个时期不包括在内。加入这两段时期会增加我相对于基准的回报,因为我入股和退出的时机非常合适。

101 当然,这种复利是累加的。在投资期间,我的投资组合增长了615.9倍,而标普500指数增长了12.1倍。

102 我的投资组合没有加杠杆。

103 这个概率是根据持股抽样评估的:"在1994—2015年投资期间的所有持股抽样中,有多少抽样在不同持股期间的回报率没有跑赢市场?"

第九章

104 另一个同样具有启示意义的对比是 IBM 的大型机业务与个人计算机业务。前者拥有战略力量,而后者没有。

105 如果你希望了解更多,我推荐《三位一体:英特尔传奇》。我对英特尔的简要叙述很大程度上借鉴了迈克尔·马龙的出色研究。参见:

迈克尔·马龙，《三位一体：英特尔传奇——诺伊斯、摩尔和格鲁夫如何缔造了世界上最重要的公司》，哈珀商业出版社，2015，印刷版。

106　https://en.wikipedia.org/wiki/IBM_Personal_Computer。

107　https://finance.yahoo.com/。

108　我想感谢明导国际公司 CEO 沃利·莱恩斯和 GemFinder 及米切尔资本公司的比尔·米切尔对英特尔战略力量来源的敏锐分析。

109　参见与汉密尔顿·赫尔默的私人通信。

110　http://jeremyreimer.com/m-item.lsp?i=137。

111　垄断性资源有可能在孕育期后发挥作用。例如，某些在后期实现的流程创新可能获得专利或作为商业机密得到留存。然而，其中大多数往往不能显著改善现金流。它们对利润的贡献通常是递增的，因为早期竞争对手的套利导致企业前期市场地位提升较慢。

112　如果市场很大，那么企业规模在增长期可能已经很大，以至于可以实现这种复杂/不透明的流程。

113　这种投资水平也是第八章的附录讨论的投资结果的基础。